Bibliothèque nationale de France

-

Direction des collections

-

Département Philosophie, Histoire, Science de l'homme

Bibliothèque nationale de France – Paris

Direction des Collections

A l'exception des reproductions effectuées pour l'usage privé du copiste, les œuvres protégées par le code de la propriété intellectuelle ne peuvent être reproduites sans autorisation de l'auteur ou de ses ayants droit.

Dans l'intérêt de la recherche les utilisateurs de la présente microforme sont priés de signaler au département de la Bibliothèque nationale de France qu'ils entreprendraient et publieraient à l'aide de ce document.

CONSPUEZ

BOULANGE !

OU

A BAS L'IMPOSTEUR

PAR

E. BRICARD

- ◆ ◈ ◆ -

EN VENTE

CHEZ LES PRINCIPAUX LIBRAIRES DE PARIS
ET DE PROVINCE

1888

CONSPUEZ BOULANGE!

DC
73*
D5
9638

PARIS. — IMPRIMERIE P. MOUILLOT, 13, QUAI VOLTAIRE.

CONSPUEZ BOULANGE!

OU

A BAS L'IMPOSTEUR

PAR

E. BRICARD

EN VENTE

CHEZ LES PRINCIPAUX LIBRAIRES DE PARIS
ET DE PROVINCE

1888

AVANT-PROPOS

Ce volume a pour but de donner un coup d'épaule au renversement de l'idole des foules tumultueuses, idole déjà ébranlée sur sa base, mais que des patriotes aveugles ou des compères aventureux veulent étayer et consolider quand même, coûte que coûte.

Je veux désillusionner les uns et confondre les autres pour le bien de l'armée et de la France.

Ses confidents me diront peut-être : Vous avez, en août dernier, correspondu avec le général.

C'est vrai, je le voyais à ce moment, en apparence, remplir dignement sa fonction de chef du 13ᵉ corps ; j'ai voulu bien connaître l'homme tant acclamé.

Il m'a répondu que nous ne pourrions pas nous entendre ; que j'ébranlais dans mon livre : ALERTE, PATRIOTES ! *la confiance dans les chefs* ; que cette confiance était une force de premier ordre et que lui, au contraire, voulait la surexciter.

Je lui réponds ici : La confiance est une force quand elle se concentre sur le plus digne, mais elle est une faiblesse et un danger si elle s'égare sur l'incapacité et l'hypocrisie.

En janvier dernier, cependant, voyant le militaire à son poste et le croyant digne d'y être maintenu, je lui ai adressé, avec quelques mots de politesse, une brochure intitulée : GARE A NOUS ! dont il m'a accusé réception en me disant que, grâce aux efforts des véritables patriotes, nous pourrions crier bientôt à nos voisins : Gare à vous !

Cela se peut, mais pas avec lui pour chef suprême de l'armée ni surtout de la nation, car, j'y insiste, c'est un mauvais militaire le général qui a fait fi de la discipline, ce talisman de victoire, et c'est un mauvais citoyen celui qui devient révolutionnaire, subversif par ambition effrénée et n'est plus qu'un brandon de discorde.

Puisse tout patriote hésitant en être convaincu après lecture de ce livre !

AUX PATRIOTES

Aux Patriotes

Boulanger, qui voulait follement la guerre avec notre armée qu'il affaiblissait d'indiscipline, faisait croire à la France qu'il connaît peu qu'elle était plus forte que l'Allemagne qu'il ne connaît pas du tout.

Je demande aux patriotes fervents, aux militaires généreux, à tous les braves cœurs français, irréfléchis, entraînés dans l'aventure boulangiste, en quoi le dénigrement systématique, qu'ils professent du peuple allemand et de ses soldats, profite à la France et à son armée?

Nous aurons peut-être plus tard le malheur d'avoir à combattre ce grand peuple; présentons-le donc aux générations présentes et à venir sous sa vraie et puissante structure.

Montrons-le puissant, tel qu'il est, et que sa puissance, sans nous effrayer cependant plus qu'il ne convient, élève nos cœurs assez haut pour oser soutenir la lutte.

Croyez-vous que nous aurons nui à l'Allemagne ou que nous l'aurons rabaissée en appelant ses soldats des voleurs de pendules et ses habitants des lourdauds, des mangeurs de choucroute?

L'insulte est l'arme des faibles. Ce n'est pas en insultant l'Allemagne que nous la rabaisserons.

Nous ne la rabaisserons que par contraste, en nous élevant plus haut qu'elle; politiquement, c'est notre droit; et, militairement, c'est notre devoir.

A force d'insinuer dans tous nos écrits que nous n'avons été terrassés que par la mauvaise fortune, on finirait par faire croire aux générations nouvelles qu'elles vaincront désormais l'Allemagne sans effort.

Ce n'est pas le cas, à beaucoup près.

Il est donc bon, il est donc patriotique de démontrer notre faiblesse passée et présente en opposition à la force de l'Allemagne et de rappeler souvent les principaux actes, les principales bases de cette force. Cette connaissance réelle des choses arrivera peu à peu à stimuler en tous les Français le désir de surpasser l'Allemagne et leur en fera comprendre la nécessité impérieuse.

Je comprends et j'approuve les livres patriotiques répandus dans les écoles, les livres qui racontent les belles actions civiles et militaires ; mais, ce que je condamne, ce sont les livres menteurs qui exagèrent sciemment les actes de barbarie des soldats allemands en 1870.

Certes, il est bon, au point de vue guerrier seulement, d'entretenir parmi les jeunes générations la haine de l'Allemagne, mais il est indigne d'un grand peuple libre, franc, loyal, de calomnier un peuple ennemi.

Ainsi, je trouve les faits suivants dans un ouvrage sur la guerre de 1870, livre scolaire récompensé : un prisonnier blessé fusillé ; une trahison infàme de porteur de drapeau parlementaire ; des amputés jetés par les fenêtres des ambulances ; des cadavres sanglants trépignés ; une petite fille en pleurs à genoux, mains jointes, tuée d'un coup de pied dans la poitrine par un officier allemand ; des adolescents fusillés, etc.

Ces faits ignobles, ces atrocités révoltantes ne sont probablement pas vraies ; mais le seraient-elles, qu'il serait même dangereux de les rappeler à des écoliers.

En citant continuellement de pareils faits, on fausse l'éducation de la jeunesse. De tels actes de vandalisme déshonorent l'humanité et ne doivent même pas être cités aux enfants, dans la crainte que le désir d'en commettre de semblables, à titre de représailles, ne fermente en eux et ne dénature leurs cœurs.

Ce n'est pas ainsi que vous rendrez l'homme magnanime et vraiment brave.

Ne faites pas école de férocité à la jeunesse ; l'ivresse des batailles lui en suggèrera, hélas ! toujours assez, toujours trop.

Si vous voulez faire de l'enfant un vaillant, un brave, un cœur généreux, citez-lui de hauts et sublimes faits de bravoure et de désintéressement ; notre histoire militaire en contient assez.

Puisez même ces faits chez nos ennemis et, dans ce cas seul, exagérez-les et produisez chez l'enfant, non pas l'émulation du mal par l'étalage de faits monstrueux qui font frissonner d'horreur, mais l'émulation du bien, en lui montrant son futur ennemi aussi grand et vaillant qu'il est fort.

Il ne faut pas que la bassesse fictive de l'ennemi que vous montrez au jeune Français le fasse se croire facilement supérieur à cet ennemi; il faut, je le répète, lui présenter l'Allemand puissant, en toute vérité, et lui faire bien voir, de cette façon, la nécessité de le devenir, lui Français, encore davantage.

Faites bien comprendre aussi à l'enfant, puisque vous négligez un culte religieux jusqu'alors convenu, que l'homme est subordonné à la hiérarchie sociale et militaire, subordonné à la loi, subordonné enfin à des devoirs civiques et humanitaires, et présentez-lui ces devoirs avec une élévation telle qu'il puisse en faire, qu'il en fasse sa religion. Surtout, ne lui représentez pas la subordination comme une faiblesse humaine, mais comme une haute vertu sociale, nécessaire.

Nous n'avons plus de roi, Dieu merci; nous n'en aurons plus jamais, je l'espère; mais le principe d'autorité est quand même immuable dans toute nation bien policée. Autant la tyrannie fran-

che ou déguisée d'un seul, s'appelât-il Boulanger,
est arbitraire, autant la force autoritaire de la loi,
issue du peuple, est respectable.

Montrez à l'enfant ce que la discipline a de
beau et ce qu'une immense masse d'hommes qui,
comme l'armée prussienne, en dispose peut obtenir de grand, de sublime, mais pas d'indignes
calomnies contre l'Allemagne; elles ne salissent
que leurs auteurs!

Que ne pourrait-on pas dire, alors, de l'armée
française, qui, formée à Versailles avec les débris
de l'armée impériale revenant d'Allemagne, a
réprimé l'insurrection communaliste avec une violence inouïe?

Rappelez-vous donc la mort de Flourens : ce
malheureux, qu'on venait de faire prisonnier avec
quelques-uns de ses hommes, va tout de suite réclamer, tête haute, désarmé, à un officier de gendarme-
rie à cheval, contre les mauvais traitements qu'on
leur faisait subir. Cet officier (est-il digne de ce
nom?), furieux de la réclamation, lui porte un terrible coup de pointe de sabre en pleine figure. Un
œil sort de l'orbite; Flourens tombe; l'officier fait
un signe et un gendarme met le canon de son

fusil sur le crâne du blessé râlant à terre et lui
fait sauter la cervelle.

Dans la maison de la rue des Rosiers, à Mont-
martre, où Clément Thomas et Lecomte ont été
assassinés, les soldats ont, dit-on, tué quarante-
trois habitants, entre autres des femmes et des
enfants. Ce nombre fut cité peu après du haut de
la tribune française.

Une soldatesque effrénée a fusillé, pendant et
après le combat, de tout jeunes gens, des femmes,
de bons citoyens même, sur une dénonciation
vindicative, mensongère parfois.

On a fusillé de malheureux prisonniers, des
hommes qui croyaient combattre et mourir pour
la *vraie* République, des fédérés blessés, des pas-
sants, pour un mot, pour un geste, sur un soupçon.
On a exécuté sommairement des soldats réguliers
qui, abandonnés en masse par leurs chefs, ou qui,
sortant convalescents des hôpitaux, englobés dans
le mouvement communaliste, y ont pris forcément
part.

Je me rappelle l'un de ces derniers, sergent-
major de l'armée régulière, blessé de Champigny,
décoré de la médaille militaire, qui, entraîné par

des camarades de son pays, gardes nationaux parisiens, s'était présenté et venait d'être nommé chef de bataillon fédéré. Ses galons de commandant fédéré et sa médaille militaire étaient même appliqués sur sa tunique de sous-officier. Je le rencontrai pour la première et seule fois dans un café. Il était assis à côté de moi et paraissait réfléchir. Son air jeune et sa figure intelligente attirèrent mon attention. Je lui dis :

« Il vous faut du courage pour accepter une fonction importante en un pareil moment. »

Nous causâmes longuement. Il me parut d'un caractère très doux, énergique et brave.

Peu à peu, je m'insinuai dans sa confiance et je me risquai à lui dire : « Vous êtes tout jeune, de bonne famille, vous avez l'avenir pour vous, soit que vous restiez dans l'armée ou rentriez dans le civil. Votre blessure, votre médaille, votre grade, seront une belle recommandation ; mais, en vous mettant au service de la Commune, sans grande conviction apparemment, vous vous perdez sans retour. Croyez-moi, vous êtes destinés à être vaincus, écrasés. La France entière sera contre vous. Ce n'est pas la République que vous servez, c'est l'État dans l'État, c'est l'anarchie. Jusqu'alors, rien n'a été fait directement contre la République ; il nous faut, républicains, réserver nos forces. »

Il me répondit : « Assemblée réactionnaire ; Paris ville libre ; Thiers et rue Transnonain ; capitulards ; désarmement des républicains par les réactionnaires pour rétablir un roi, etc... » Je vis par ces paroles que ses camarades l'avaient bien endoctriné. — « Vous serez écrasés, persistai-je, la réaction ne pardonne pas ; peut-être même serez-vous déportés. » Je ne lui dis pas : fusillés ; ni lui ni moi n'y pensions ; les pensées inhumaines ne naissent pas dans un cœur généreux.

Je dis cela pour lui et, certes, son odyssée du siège méritait ce titre. Il avait, jusqu'à Champigny, pris part à tous les combats. Dans cette bataille, il avait tué deux Prussiens, me dit-il ; mais ce qui me le faisait estimer, c'est qu'il avait empêché un homme de sa compagnie de tuer un tout jeune Prussien qui, la cuisse traversée par une balle, adossé à un arbre, attendait le passage des voitures d'ambulance.

Je lui dis enfin : « Je suis, moi, réfractaire aux enrôlements de la Commune ; je suis poursuivi, traqué, car on m'a vu à Paris. Depuis quinze jours mes parents me croient parti, mais je n'ai pu m'évader, la gare était gardée. J'ai voulu voir le mouvement communaliste, mais j'en ai assez. J'ai combiné une évasion pour demain ; fuyez avec moi, ça devient très difficile, l'occasion est bonne. »

« Un jeune homme, continuai-je, que mon père a obligé, a son frère employé de l'octroi sur le ponton du pont de Bercy. Cet employé connaît intimement l'un des hommes du poste : ce sera le tour de faction de cet homme demain vers neuf heures et tout est convenu pour ma fuite. Trouvez-vous là demain matin à huit heures, nous partirons ensemble ; je vous prêterai de l'argent. Voyez, je me fie à vous : non seulement vous ne me dénoncerez pas, mais vous serez là pour partir. Au nom de vos parents, au nom de la République que vous aimez, renoncez à votre grade éphé-mère, ou votre vie est brisée ! »

Hélas ! le lendemain il n'était pas là : je suis monté sans lui en bateau, ai abordé hors Paris au milieu des Prussiens et gagné Nogent-sur-Marne où j'ai pris mon train pour les Vosges.

La triste fin de ce jeune officier n'est que trop

certaine: quand de tels hommes embrassent une cause, ils ne la trahissent pas.

Voilà un homme comme l'armée de la loi, non retenue par ses chefs dont Boulanger faisait partie, indisciplinée, en a fusillé par centaines; certains disent par milliers. On m'a cité un officier subalterne qui, à la porte de Flandre, fit fusiller dix-sept insurgés prisonniers qu'il traitait probablement, lui aussi, comme Boulanger, de fripouille.

C'étaient des Français et des braves, qui eussent pu faire un jour, contre les Allemands, de fiers combattants aguerris!

Et vous vous évertuez à jeter l'opprobre sur la violence des troupes prussiennes!

Le malheureux Paul Bert, dans la préface du livre que je condamne, a donné son approbation à l'ouvrage et une société d'encouragement une médaille à l'auteur!

Auteurs et approbateurs ont agi dans un but patriotique, mais je considère qu'ils ont fait fausse route. Le mensonge est indigne d'un grand et noble peuple.

Je dirai même plus, puisque je me suis fait

une loi d'être impartial : nous avons davantage à
envier à l'ennemi qu'à lui reprocher ; nous possédons ses défauts, sans avoir ses qualités dominantes, ses qualités militaires : le sang-froid et la
subordination.

C'est grand et c'est généreux de savoir, au
contraire, apprécier la vaillance et la valeur de
son ennemi ; surtout de le bien reconnaître
publiquement : les Allemands raisonnent ainsi. Je
me souviens d'avoir lu en Allemagne, dans un
livre de classe, ces deux épisodes :

Sous Napoléon Ier, une colonne française
passait dans un village allemand. Un soldat, qui
avait perdu son shako, quitte le rang pour aller
prendre, parmi des pièces de linge étendues sur
une haie, un mouchoir dont il se couvre la tête.
On porte plainte ; le soldat est dénoncé, arrêté,
jugé et condamné à mort. Les habitants, par pitié,
réclament contre la sentence. Le général leur dit :
« Si un exemple n'est pas fait, tout sera pillé
demain dans votre pays. » La sentence fut
exécutée.

Deuxième épisode : Un détachement d'avant-
garde française avait à se rendre à un endroit

important, dans les terres, hors de la route. Le chef du détachement rencontre un paysan et lui dit : « Tu connais le pays, tu vas nous conduire à tel endroit. » Le paysan refuse ; l'officier le menace de le faire fusiller au bout d'un quart d'heure s'il ne se décide pas. Sur ces entrefaites, arrive le général, avec le gros de l'avant-garde, très étonné de rencontrer encore le détachement en retard à cette place. On lui en dit la cause ; il fait venir le paysan, le menace encore et n'obtient qu'un refus persistant. Le paysan allait être fusillé sans se laisser émouvoir lorsque le général français intervient. tend la main à cet homme et lui dit : « Retourne en ton foyer ; tu es un honnête et brave patriote. car tu n'as pas voulu, sous menace de mort, trahir ta patrie ; nous nous tirerons d'affaire sans toi. »

Il y a bien longtemps que j'ai lu ces deux récits ; cependant, comme on peut voir, je m'en rappelle presque textuellement, et, je l'affirme encore, c'est dans un livre de classe allemand que je les ai lus.

Ce que j'ai remarqué partout, après la guerre. dans notre pays, conquis, occupé, c'est non pas une brutalité outrageante, de la part de l'armée ennemie, mais au contraire une politesse respectueuse chez l'homme, et exagérée, gênante même, chez l'officier.

Non seulement les soldats ne savaient comment faire pour excuser, pour ainsi dire, leurs victoires, pour excuser leur présence chez l'habitant : non seulement loin de se vanter avec arrogance, ils disaient presque tous : *grosz* malheur pour France ; mais encore ils étaient obligeants, ils faisaient les commissions des ménagères au marché, ils amusaient les petits enfants ; d'autres aidaient quelquefois le chef de famille en travaillant chez lui de leur état.

J'en ai même vu qui faisaient le ménage et ciraient les souliers de leurs hôtes.

J'acceptai, certain jour, un cigare de l'un d'eux. Cet homme et ses camarades étaient si polis, si convenables, que je m'astreignis, par délicatesse, à fumer son mauvais cigare. Pour ne pas leur faire une impolitesse, je ne le jetai que quand je fus hors de leur vue.

Loin d'être d'une ignoble brutalité envers les enfants, lorsque ces derniers poursuivaient les isolés à coups de pierres, ils se sauvaient sans se défendre, comme de grands nigauds. J'ai vu ce fait sur le plateau de Châtillon et en maints autres endroits.

Mais, ce qui m'a le plus touché, ce qui m'a produit une impression ineffaçable, c'est leur respect de nos soldats morts.

Je visitais à Thiais les tranchées et les travaux des Allemands; je venais de goûter avec eux, par curiosité, à leur fameux saucisson aux pois, lorsque je me trouvai, tout en marchant et en leur causant, devant une série de petits tumulus. C'étaient des morts français enterrés là par eux.

Sur chaque tumulus était piqué le sabre-baïonnette, surmonté du képi du pauvre mort.

Ces tombes avaient été respectées. On était fin février; l'endroit était passant; cependant, depuis plusieurs mois, aucune n'avait été trépignée.

A ce spectacle, je m'arrête et retire mon chapeau; les soldats allemands m'entourent. Je leur demande où et quand ces hommes ont été tués? Ici même, le 30 novembre, répondent-ils.

N'y en a-t-il point d'autres, demandai-je? Si,

quarante et un enterrés dans le jardin de cette petite maison blanche isolée là-bas.

J'approche avec eux de la maison, tout en leur parlant des incidents du combat qui s'était livré là.

— Avez-vous perdu beaucoup de monde, au combat du 30 novembre? — Non, vous tirez de trop loin et très mal, toutes les balles nous passaient par-dessus la tête ; d'ailleurs, nous étions presque tous abrités.

— La redoute des Hautes-Bruyères vous a-t-elle tué du monde? — Les premiers coups blessaient toujours quelques hommes, puis on se cachait pendant le feu.

Nous étions arrivés auprès de la petite maison blanche ; le mur, autour des fenêtres, était criblé de milliers de marques de balles prussiennes.

C'est là qu'avaient été tués quarante et un hommes du 109ᵉ qui, réfugiés en cette maison sous la conduite d'un chef énergique et brave qui les avait enflammés, n'avaient pas voulu se rendre et avaient combattu jusqu'à la mort.

Honneur à ces héros !

J'étais ému devant ces traces de vaillance.

Vous croyez peut-être que les Prussiens autour de moi avaient l'air fier, gouailleur, souriant?

Non, ils avaient l'air humble; non, ils respectaient ma douleur, et ils causaient à voix basse, sans sourire.

J'étais seul devant eux, cependant; je venais de les critiquer sur plusieurs points; ils pouvaient, nombreux devant moi, facilement me railler; ils ne l'ont pas fait.

Je trouve cette attitude admirable de dignité.

S'ils se sont montrés parfois dignes d'admiration, ayons le courage de les admirer sans pour cela cesser de les haïr.

Les officiers prussiens, pendant l'occupation, loin de se montrer tyranniques et arrogants, savaient se rendre supportables. Ils ne commettaient pas d'exactions démesurées et soutenaient fort bien la contradiction. Les petits enfants de nos familles leur rappelaient les leurs et ils les embrassaient parfois avec une vive émotion.

Quant à nos blessés, que de milliers sont tombés entre leurs mains! Loin de les achever lâchement, ils les ont soignés avec humanité, comme les leurs.

J'ai entendu peu après la guerre, un jeune et brave capitaine d'infanterie de ligne raconter devant moi un fait, à lui personnel, à l'appui de ce que j'avance.

Il venait d'être blessé, à Héricourt, je crois : nos soldats perdaient du terrain. Des ambulanciers prussiens accourent avec un brancard, l'y installent avec précaution et l'emportent.

Pendant qu'ils marchaient avec leur fardeau, certains des nôtres ne voyant pas très bien leur action, ne voyant de loin que deux Prussiens, tirent sur eux tout en s'enfuyant.

Eh bien ! ces ambulanciers prussiens ont continué, sous la menace de mort des balles françaises, à emmener un officier français blessé.

Un officier de mobiles m'a raconté la façon dont il a été fait prisonnier à Villersexel :

Il battait en retraite avec quelques hommes sous une pluie de balles ; passant devant une porte de grange, il s'abrite, seul, dans le renfoncement de cette porte. Il s'adosse contre un des panneaux, mais la porte, mal fermée, cède sous la pression de son corps et il tombe en arrière. Des Prussiens le voient tomber et se précipitent

sur lui. Je suis perdu! Ils vont me tuer! pense-
t-il. Non, ils ne le tuent pas, ils le font prisonnier
et entourent d'égards l'officier.

Il y a loin, de ces faits, aux actes de canni-
balisme racontés par certaines publications soi-
disant patriotiques.

Je constate ces faits avec regrets, car ils sont
à l'honneur des troupes allemandes: j'aimerais
mieux avoir à constater leur bassesse.

Chaque fois que je quittais leurs lignes, par-
courues par moi en observateur, je me disais avec
rage, admirant leur ordre en tout, leur étonnante
discipline: Quelle armée! Quelle superbe armée!
Que de mal nous aurons à les surpasser!

Triste moyen pour les surpasser que d'essayer
vainement de les rapetisser par la calomnie, de
les rapetisser pour paraître plus facilement grands
à côté d'eux!

C'est nous qui nous rapetisserions en con-
tinuant ce système. Ne méprisez-vous pas la
basse jalousie d'un failli qui médit de tous ceux
qui prospèrent? Ne méprisez-vous pas les femmes
perdues, jalouses de celles bonnes et vertueuses
et toujours prêtes à les pousser à leur perte, tout

au moins à la désirer, ou à les compromettre par des mensonges?

Imprévoyants que vous êtes, vous fausserez, je le répète, l'éducation de la jeunesse si vous lui faites lire des vilenies et des bassesses.

Faites donc au contraire, en toute sincérité, bien connaître aux enfants le superbe fonctionnement de l'armée allemande.

Dites donc plutôt, à cette belle jeunesse française : Il est lâche, il est indigne d'un honnête homme ; il est indigne d'une noble nation de nuire à son ennemi par la calomnie.

Ne nous illusionnons donc pas ; et ne cherchons pas à trouver blâmable ce qui ne mérite pas de l'être et n'ayons au cœur qu'une sainte, loyale et avouable émulation : celle de faire mieux que nos ennemis.

Non seulement certains chauvins établissent des supériorités tranchées et irraisonnées entre nations de mêmes latitudes, mais ils ne rougissent pas de mettre à l'index des sectes et des races. Ils désignent, par exemple, en plein XIX° siècle, les israélites à la fureur populaire.

Et, c'est en France, en ce restant de notre

grande et belle France, que de pareilles idées trouvent des promoteurs et des adeptes! Comme si l'humanité tout entière n'avait pas le même berceau, la même forme, les mêmes besoins, le même souverain maître, et n'était pas destinée à la même fin!

Certains Français, heureusement rares, envisagent le patriotisme d'une façon toute spéciale. Lors d'une excursion que je fis, il y a cinq ans, dans les montagnes des Vosges, je me rencontrai, en gravissant le Hohneck, point culminant de la chaîne, avec un monsieur, mon voisin de table d'hôte, qui en descendait.

Cet homme, un médecin de province, était exubérant de joie en me montrant un œuf dur et un couteau qu'il avait dérobés, sur le sommet du pic, à un soldat prussien qui, sous la dictée d'un officier, inscrivait des chiffres topographiques auprès de la borne-frontière.

Ce soldat, confiant dans la loyauté des visiteurs, avait laissé sous la tente portative installée son maigre repas et son couteau; et on lui dérobe l'un et l'autre, parce qu'il est Prussien! Quelle haute idée il a pu concevoir des Français!

Comment, en outre, voulez-vous cultiver la générosité dans les cœurs si vos actes civiques excitent à la violence contre les faibles? Vous acclamerez l'erreur d'un homme d'État célèbre: la persécution des religieux inoffensifs, des religieuses dévouées aux souffrants, douces et saintes créatures que vous devriez protéger et vous chassez des princes français de France.

Ah! ils n'étaient cependant guère à craindre; ils étaient cependant bien inoffensifs aussi, les princes français, ces souverains platoniques dont la vie se passait en chasses et en promenades à cheval, en études de poses chez les photographes et en réceptions courtoises pendant lesquelles des rêveurs, des illusionnés les entouraient de louanges et d'espérances vaines!

Vous n'admettez pas les manifestations adverses, Boulangistes intransigeants, il vous faut un maître incontesté; mais vous jetez le trouble dans la jeunesse en supprimant des écoles, sans le remplacer, le Christ, le Dieu de l'enfance, seul compris d'elle, et vous les infectez de livres de mensonges sur la guerre, au lieu d'y introduire des ouvrages de vérité de justice et de droiture.

Osez donc parler, aux enfants du peuple, un langage noble et élevé, de moralité vraie. Puisque vous avez fait enlever la croix de l'école, tout en la reconnaissant encore comme la plus haute récompense de l'honneur et du devoir, demandez à sa place une devise quelconque inscrite au mur, en gros caractères, frappant les yeux, et dont l'esprit élevé puisse pénétrer l'âme :

— Dieu, recevez les âmes de ceux qui meurent pour leur patrie.

— Dieu, recevez-moi en votre ciel si je meurs pour la France.

— Dieu, faites que j'aime ma patrie comme ma mère et sois toujours prêt à mourir pour elle.

— Dieu tout-puissant, donnez-moi le courage de mourir avec joie pour ma patrie.

Qu'on inscrive ce qu'on voudra; excepté le nom de votre idole, faux prophète: pourvu qu'on unisse les mots: Dieu et Patrie.

Lorsque le jeune soldat patriote, en sentinelle perdue exposée à la mort, isolé dans la nuit noire et humide, grelottant de froid, de faim et de fatigue: lorsque ce jeune soldat, possédant encore son sang-froid avant une grande bataille,

sera mêlé aux masses profondes partant manœuvrer sous le feu, il reverra en pensée la phrase
qui, inscrite au mur de l'école. aura frappé ses
yeux pendant son enfance, et, s'il est blessé mor-
tellement, il murmurera. à l'agonie, cette sublime
phrase sous forme de prière, et mourra dignement
avec ces deux mots : Dieu et Patrie sur les lè-
vres.

Pour l'enfant, la croix que vous méprisez,
intransigeants, c'est Dieu. Vous pouvez, sans incon-
vénient, laisser abstrait pour lui le mot « Dieu » :
mais si vous ne lui donnez pas une forme. donnez-
lui tout au moins une signification. Dites-lui bien,
dites-lui toujours que Dieu est la puissance créa-
trice de l'univers ; mais ne le rendez pas athée.

Le bien que l'esprit religieux introduit dans
les âmes au profit des armées est indiscutable.

C'est d'abord une subordination naturelle,
précieuse, de la part d'hommes habitués à obéir
aux ministres du culte. et, ensuite, une plus
facile résignation à la mort devant la perspective
d'une récompense céleste. L'irréligion obtient un
résultat tout contraire.

Tant qu'il y aura des armées, il faudra aux

peuples une religion quelconque et des religieux pour la propager.

Respectez donc la foi des croyants ; respectez et protégez les religions en la personne de leurs prêtres chrétiens, juifs, mahométans ou bouddhistes.

Que vous importent les erreurs dogmatiques, les fictions, les puérilités parfois, de ces religions émanant des hommes, si les actes de dévouement et de désintéressement que ces diverses religions inspirent à leurs adeptes, rendent l'homme charitable et dévoué à ses semblables.

Je me demande parfois quel peut bien être le mobile d'une fureur persistante, chez certains citoyens, journalistes, à dénigrer, à dénoncer, à accabler avec joie des religieux et des religieuses.

Je les défie bien de me démontrer l'intérêt qu'y peuvent avoir la morale, l'humanité, la France, la République.

En frappant les religieux, vous nuisez terriblement à la République ; non seulement parce que vous la faites haïr par ces hommes de bien que vous persécutez en son nom et qui ne demandent qu'à vivre en paix sous ses lois, mais vous lui créez pour ennemis mortels, acharnés, les nombreux partisans de la religion que vous voulez déconsidérer.

Pourquoi blesser des multitudes de citoyens dans leurs plus chères croyances? Ces croyances devraient être sacrées pour vous par le fait seul qu'elles sont sacrées pour tant d'autres.

La religion ne vous prend pas de force; elle ne vous insulte pas, vous non-croyants; n'ayez donc pas le triste courage d'essayer de la salir.

Ah! je sais bien que vous allez répondre : « La religion est un instrument de règne au profit du despotisme monarchique. » C'est faux! les religieux n'ont jamais été que de tièdes partisans de la République parce que celle-ci, au lieu de leur donner la liberté, les a toujours persécutés.

Vos procédés, loin d'élever le cœur de l'enfant, le rendent méchant, gouailleur, injuste.

Je suivais, l'autre jour, le boulevard de Port-Royal; un prêtre marchait devant moi, j'entends une voix d'enfant crier : « Le curé... le curé...

de mon village! » je me retourne, je vois une bande de bambins riant dans un terrain en contrebas et les yeux tournés vers l'insulté.

Le prêtre continue sa marche; je regarde sévèrement les polissons et ils se taisent.

Je n'avais pas refait dix pas qu'ils se sauvent tous de l'autre côté du boulevard en criant encore : « Ohé, le curé! ohé, le curé! »

Que les détracteurs des prêtres me répondent sincèrement! N'eussent-ils pas été, en cette circonstance, plus satisfaits de voir ces petits enfants saluer respectueusement le bon vieux prêtre, que d'essayer de le blesser par une vilaine méchanceté?

Pourquoi saluer le prêtre, m'objectera-t-on?

Parce que le prêtre doit être honoré, tout au moins par l'enfant, comme professeur de morale.

Drôle de morale, diront les sceptiques, que celle qui s'étale de leur fait dans certains journaux!

De leur fait? Non, du vôtre! C'est vous qui faites du tapage et du scandale en vous emparant avec une avidité fébrile des moindres faits qui peuvent moralement et matériellement leur nuire.

Ces hommes ne sont-ils donc pas les premiers éducateurs de notre enfance? Qui dit que vous ne leur devez pas le bien qui est en votre cœur? Et vous les dénoncez à grand tapage, et vous êtes à l'affût de leurs moindres ou de leurs pires méfaits, non pas pour les cacher, mais pour les étaler victorieusement, les exagérer triomphalement dans vos journaux!

Que diriez-vous des fils qui ébruiteraient, surchargeraient encore la honte de leur père?

Vous les mépriseriez, n'est-ce pas! Eh bien! renoncez donc à couvrir de boue et d'opprobre les prêtres, vos pères spirituels; ils sont ministres religieux, mais ils sont hommes, et, comme tels, accessibles au mal dans de moindres proportions, toutefois, que les autres hommes.

Enfin, je le répète, la République n'a qu'à perdre à votre intransigeance et l'éducation populaire aussi; je le démontre plus haut.

Vous ne vous figurez pas combien les anciens élèves de ces honnêtes citoyens prêtres les aiment et les vénèrent. Tous conservent avec eux, après leur sortie de l'école, des rapports amicaux.

Trouvez-vous beaucoup de jeunes gens, par

contre, qui, leurs études terminées, revoient leurs professeurs des écoles laïques?

Si vous croyez sans danger, pour la morale du peuple, d'abandonner le culte chrétien catholique, faites : mais créez dans ce cas le culte de la patrie !

Il est beau, cependant, il est imposant, il est grandiose, notre culte chrétien, quand les orgues majestueuses, aux souffles puissants, mêlent leurs voix graves et prolongées aux voix argentines des enfants de chœur, pendant que les prêtres, vêtus de leurs riches habits sacerdotaux, invoquant Dieu au milieu des nuages légers et enivrants de l'encens, se retournent par moments pour bénir les fidèles courbés par la prière. Tout frappe, tout va à l'âme et aux sens devant ce superbe appareil religieux. La vue est charmée par des merveilles artistiques rassemblées qui rappellent l'antique épopée chrétienne; l'ouïe est captivée par la grandeur de la musique sacrée amplifiée encore par la sonorité des hautes voussures; et l'odorat est pénétré doucement par de suaves parfums qu'on dirait envoyés par un léger battement d'ailes d'anges invisibles.

Puisque cette splendeur ne vous touche pas ; puisque vous y êtes indifférents, hostiles même, parfois, remplacez-la donc, pour l'enfant particulièrement, par une autre d'un genre différent, mais qui, touchant la sainte fibre patriotique, puisse faire battre le cœur. Je conseille ceci à notre futur sauveur Boulanger.

Dans chacun des arrondissements de Paris, dans toutes les grandes villes, dans les cantons de province divisés en plusieurs groupes et dans les villages, chefs de ces groupes, rassemblez le dimanche sous le ciel bleu, à l'abri, sous une construction municipale ou autre, si le temps l'exige, les enfants des écoles et des lycées, en armes, en ordre et en grande tenue ; faites-les encadrer, par parties égales, par l'armée parisienne ou régionale et faites-leur chanter à tous ensemble une belle et grande hymne à Dieu pour la patrie. Enfin, qu'un conseiller municipal, un maire ou un officier supérieur leur fasse entendre, au milieu d'un religieux silence, quelques touchantes et patriotiques belles paroles, lues ou improvisées, qui se termineront par l'élévation... du drapeau tricolore.

Ce drapeau, tenu haut et ferme par la main droite de l'orateur, portera dans ses plis ces mots en lettres d'or : « Dieu nous donne la victoire! »

Sitôt ce drapeau levé, bien en vue, tous, au commandement, mettront... genou terre; les clairons, les tambours, les musiques feront entendre ensemble la fanfare : Salut au drapeau! en place de bruits d'orgues et au lieu d'un tintement de sonnette comme à l'église, un coup de canon ou une salve de mousqueterie accompagnera cette élévation... du drapeau!

Tous, à ce signal, se relèveront en ordre; le défilé commencera et l'odeur de la poudre remplacera l'odeur de l'encens.

Vous pouvez, soyez-en certains, fructueusement faire accomplir ce cérémonial public et, à défaut de culte chrétien officiel, faire professer le culte officiel du drapeau, le culte de la patrie.

L'éclat de ces solennités hebdomadaires aura un salutaire effet sur le peuple qui les suivra, s'y intéressera et en profitera moralement.

Rien n'empêchera ceux qui voudront assister en outre aux offices religieux libres; mais au moins ceux qui n'auront assisté qu'à la cérémonie patriotique auront pour leur semaine le souvenir de quelque chose de grand et de beau qui leur restera.

J'entendais, au début de la guerre, un homme du peuple dire à son camarade : « Ta patrie, elle se f.... bien de toi, si tu te fais casser la gueule, ce n'est pas elle qui donnera du pain à tes enfants ! » Un autre, dire dans un groupe : « L'ouvrier n'a pas de patrie. »

Ces hommes, apparemment, ne possédaient ni le haut sentiment de la religion ni celui non moins haut du patriotisme.

Combinez donc ces deux sentiments; propagez-les dans les masses, et pareil langage ne sera plus tenu dans le peuple; faites aussi que le premier de ces deux hommes n'ait pas dit vrai.

Éclairez le jugement des enfants; faites appel, par tous les moyens, à tout sentiment de justice, reflet de Dieu, inné dans le cœur de l'homme, et vous ferez des citoyens soumis à la discipline des lois comme des armes.

Vous voulez, au contraire, pour une cause dont la profondeur échappe à ma vue, rendre l'homme matérialiste et athée : c'est peut-être pour en faire des républicains fervents ?

Je ne dis pas que vous n'en faites pas des
républicains fervents, violents; d'une sorte nuisible
à la République, toutefois; mais en tout cas, vous
en faites des soldats médiocres.

Revisez le Concordat, modifiez même la religion d'État actuelle, si vous ne croyez plus cette
façon d'adorer Dieu compatible avec le progrès
de la science; mais faites que toutes les religions
soient absolument libres et respectées. N'amoin-
drissez pas Dieu dans l'esprit du peuple; ne pous-
sez pas de vous-mêmes au matérialisme, vous
amoindririez l'esprit de subordination, et la nation
armée en a plus que jamais besoin.

La foi en Dieu et en ses récompenses est une
immense force morale; l'athéisme l'annule sans
profit aucun pour la force matérielle.

Il n'y a pas de danger que les Allemands sup-
priment la belle devise inscrite sur leurs armes et
leurs casques : *Mit Gott für den König und Vater-
land,* avec Dieu pour le roi et la patrie. La foi
religieuse catholique qui, pendant l'occupation,
attirait les Bavarois, le dimanche, aux offices
divins de nos villes et villages, ne les empêchait
pas d'être d'excellents soldats.

Les soldats les plus pieux de leurs armées, les Bavarois par exemple, sont plus encore que les autres, moralement et physiquement forts.

Cependant, à entendre certains de nos beaux discoureurs fanfarons, on croirait que les Allemands n'ont que de la sciure ou du son dans le ventre.

Que seriez-vous donc alors, vous-mêmes, qui vous êtes laissés vaincre par ces prétendus mannequins? Mais non, allez! Ne croyez pas que ce soient des mannequins ; ce sont de rudes hommes, vigoureux, bons gymnastes, braves et patriotes comme vous, qui ont du sang dans les veines et du sang aussi rouge que le vôtre.

La majeure partie des Français ont l'air de l'ignorer ; il existe en eux un aveuglement, une ignorance néfaste qu'il est indispensable de faire disparaître. Ah! croyez le bien, patriotes, il faudra un homme d'une autre trempe que Boulanger pour préparer la reprise de l'Alsace.

Je me trouvais un jour à dîner avec un de nos volontaires d'un an. Il croyait probablement que son uniforme le mettait en droit de citer et d'affirmer batailles et victoires.

Il énumérait nos forces : les arsenaux remplis ;
la qualité de nos canons ; la puissance destruc-
trice des nouveaux projectiles ; la bravoure et
l'entrain des hommes.

Je lui dis : Mais..... et les Prussiens, croyez-
vous qu'ils n'ont pas tout ça? Ils ont tout cela et
ils ont énormément plus encore, car ils ont la
discipline.

Ne laissons pas les optimistes dans une fatale
erreur. Quand on veut faire de bons chasseurs, on
ne leur laisse pas croire qu'une contrée, qu'une
forêt ne contient que des lièvres ou des kangou-
rous, si cette contrée, si cette forêt est infestée
d'hommes des bois, de gorilles. Non seulement de
tels chasseurs sont mal préparés comme armement et ne se méfient pas, mais l'apparition de
fauves, d'un gibier terrible, tout autre que celui
attendu, les surprend, les abat moralement, les
terrifie, les déroute.

J'étais en pension en Allemagne lors de la célé-
bration solennelle du cinquantenaire de la fameuse
victoire de Leipzig, que les Allemands appellent :
Die Völkerschlacht, la bataille des peuples ; je
n'avais que quatorze ans, mais j'ai pu juger, et je me

souviens, du patriotisme allemand qui a éclaté
fébrilement, à cette occasion, sous toutes les formes :
revues, banquets, discours, brochures où perçaient
la haine de l'envahisseur de la patrie, la haine du
Français.

Eux, au moins, ne se sont pas contentés de
mots, ils se sont acharnés, par tous les moyens, à
nous surpasser.

Je sais bien qu'il y a en ce moment en France
un désir naissant de nous refaire, de nous fortifier ;
nous avons des sociétés de gymnastique, c'est
très bien ; nous n'en avons pas encore assez ; mais
aurions-nous le triple de gymnastes patriotes, que
cela ne nous donnerait pas le droit, sans une belle
armée bien disciplinée, d'être aussi niaisement
crédules, vantards, aussi gobeurs, qu'on me passe
le mot !

C'est drôle qu'il se trouve toujours partout des
mouches du coche !

Il y en a dont le dard émoussé est inoffensif
mais qui bourdonnent constamment autour des
chevaux de nos défectueux chariots de guerre,
traînant à leur remorque trop de cinquièmes roues
bruyantes, et encore ce sont des roues laides.

Il ne s'agit pas de chanter victoire sur tous les tons avant la bataille. Il faut, cette fois, avant d'engager la lutte suprême où se décidera le sort de la patrie, être supérieurement forts sur tous les points, être supérieurement prêts à vaincre. Boulanger, ce cerveau brûlé, en qui des naïfs incarnent leur fétichisme, n'a pas fait faire un seul pas à l'armée vers ce grand but.

Le courage, la témérité, la vigueur existent chez les Allemands comme chez nous : quant à leurs sociétés de gymnastique, elle sont en aussi grand nombre que les nôtres et très fortement exercées. J'ai vu certaines d'entre elles accomplir des exercices étonnants sur la barre fixe : d'autres faire, en ordre, plusieurs kilomètres au pas de course et s'aligner, pleines de vigueur encore, pour des courses de vitesse.

Nos porte-voix du boulangisme feraient bien d'étudier pour eux-mêmes notre faiblesse militaire et d'en propager les preuves pour calmer un peu les autres. Ils feraient bien d'étudier et de faire connaître à leurs adeptes la vérité : la valeur physique et la force morale de l'Allemagne.

Ce serait utile, car ça préparerait les cœurs au

courage et à la discipline ; tandis que leurs provo-
cations sont actuellement aussi imprudentes
qu'inopportunes.

Ils feraient mieux, aussi, de mettre une sourdine
à leurs clairons que de faire entendre en toutes
circonstances des paroles ou des sonneries
discordantes isolées.

Les belles et grandes phrases, les belles sonneries militaires rythmées, d'ensemble, entraîne-
ront, émouvront d'autant mieux les masses quand
il faudra, que les effets disgracieux, isolés, en
auront été évités.

Réservez donc les premières, exercez-vous avec
méthode aux secondes jusqu'au jour où la France
unie, l'armée disciplinée pourront non seulement
chanter haut :

> « La trompette guerrière
> A sonné l'heure des combats. »

Mais :

> « La victoire, en chantant,
> Nous ouvre la barrière. »

Mais, tant que le système actuel d'instruction
du peuple, d'instruction morale surtout, ne sera pas

modifié ; tant que la violence, l'arbitraire et le mensonge ne seront pas méprisés de tous ; tant qu'une liberté complète, absolue, sans la moindre entrave, ne régnera pas souveraine, nous ne serons pas une nation rayonnante, généreuse et forte.

Tant que l'armée ne puisera pas son contingent dans une nation pareille, non seulement elle ne sera pas prête à vaincre, mais elle sera absolument faible. Je ne dis pas qu'elle sera indisciplinable ; il faut qu'elle le soit quand même, malgré tout, mais elle le sera moins facilement ; elle sera moins portée aux sublimes et chevaleresques élans, et la nation n'aura pas la haute conception du juste et du vrai.

Tant que le peuple ne comprendra pas la nécessité urgente de la discipline, il sera prêt à acclamer un soldat révolté, à se tourner contre l'officier énergique et vaillant qui ferait acte d'autorité salutaire en son milieu ou qui, sur la voie publique, exigerait le salut d'un soldat.

Vous affirmez souvent, pseudo-hommes d'État, pseudo-sauveurs, l'existence dans le peuple que vous avez appelé un grand enfant d'une démagogie, d'une fripouille cupide, envieuse, cruelle et lâche ;

c'est peut-être vrai; mais faites-vous bien, aussi, tout votre devoir envers ce peuple? Quand vous êtes les maîtres, vous, flagorneurs d'une foule crédule, vous êtes les plus atroces tyrans du monde et vos actes provoquent et excusent la haine la plus féroce.

Au lieu de combattre matériellement cette démagogie par le canon, osez combattre moralement ses instincts par la liberté, par la religion, qui pallie par un espoir d'outre-tombe les souffrances physiques, par la religion du bien et du devoir : la religion du Christ; ou bien combattez-les encore, ces instincts redoutables, par la religion du drapeau.

Honorez et pratiquez la vérité d'abord, et, en tout cas, un culte quelconque grandiose: il le faut : il n'est que temps.

Rendez le peuple heureux et libre; cultivez en lui les sentiments les plus élevés ; soyez francs, vous n'aurez plus à craindre ses fureurs ni ses erreurs et vous serez assurés de son dévouement fécond à la République, de sa résignation à la discipline, de son patriotisme en tout temps, et sûrement, prochainement, d'une immense et éblouissante gloire guerrière.

Y A-T-IL, EN NOTRE ARMÉE.

SUPÉRIORITÉ INNÉE DE VERTUS MILITAIRES?

Y a-t-il, en notre armée, supériorité innée de vertus militaires ?

Non ! quoiqu'en dise Boulanger, la supériorité militaire n'est innée en aucune armée. Les armées ne possèdent les qualités précieuses de ponctualité, d'exactitude, de propreté, de force résistante, morale et matérielle, d'ordre et de discipline qu'autant que les bons généraux ont le talent et la patience de les leur donner.

Les hommes d'une civilisation analogue, du même âge, recrutés de même façon et dans les mêmes milieux, forment des armées identiques au fond comme tendance et comme instincts.

Une armée admirable ne l'est pas de son impulsion propre, mais uniquement de celle du chef qui la commande.

La bravoure n'est qu'une qualité toute secondaire.

Dans une grande bataille, une armée entière d'une bravoure démesurée ne sera pas manœuvrière, elle voudra combattre là où l'inaction serait nécessaire.

Les hommes d'une grande bravoure ne sont utiles que dans des cas spéciaux : des coups de mains ou certains faits isolés. Les officiers, en ces circonstances, trouvent toujours parmi de nombreuses troupes, quelles qu'elles soient, des hommes d'une témérité à toute épreuve qui répondent à leur appel. En voici un exemple.

Le soir de Champigny, j'étais en faction à Créteil avec un soldat du 128° de marche à côté de moi ; les Allemands enterraient leurs morts de la journée ; et, c'était touchant d'entendre au loin, en pleine nuit étoilée, les accords monotones et plaintifs de leur musique funèbre coupée par instants de salves de mousqueterie en l'honneur de ces morts.

La nuit était froide et belle : tout était apparemment calme ; quelques centaines de mètres seulement séparaient les deux avant-postes ennemis.

Mon compagnon, ancien voltigeur de la garde, me dit de suite : il va falloir faire bien attention ; il y a eu la nuit dernière un homme de tué ici, c'est pour cela qu'on nous met deux.

Nous étions aux aguets.

Au bout de vingt minutes de faction, nous croyons voir ramper à fleur de terre des masses noires confuses.

Nos fusils étaient chargés et armés ; nous avions le doigt sur la détente.

Laissons-les approcher, me dit l'ex-voltigeur ; visons bien.

Les formes indécises n'étaient plus qu'à quelques mètres de nous quand nous avons tous deux tiré dessus.

Toute la ligne des sentinelles s'est alors mise à faire feu ; deux à trois cents coups de fusil ont bien été tirés, puis, plus rien. Le sol était nivelé, le silence était rétabli.

Le lendemain, au jour, on aperçut un Wurtembergeois tout jeune, imberbe, tué en avant de nos lignes. C'était un de ceux du coup de main de la veille.

Un ou plusieurs autres avaient été blessés, car on voyait plus loin des traces de sang.

Je cite ce fait, cet acte isolé de l'ennemi qui prouve une bravoure extrême. Faire, à genoux, la nuit, plusieurs centaines de mètres pour surprendre des sentinelles est l'équivalent de ce que faisait notre sergent Hoff par vengeance.

Certains d'entre nous disaient le lendemain : ce doivent être des hommes punis! Moi je crois que c'étaient des volontaires ou des hommes commandés marchant au danger sous l'impulsion de la discipline.

Toutes les armées, toutes les foules humaines sont poussées aux mêmes actes, aux mêmes excès, au même entraînement, à la même vaillance partielle, comme elles sont poussées au même découragement parfois, aux mêmes faiblesses, aux mêmes lâchetés par les mêmes éléments et les mêmes causes.

Les exemples de toutes sortes abondent. Au 4 septembre 1870, faubourg Saint-Antoine, une foule vociférante, compacte, brandissant des écussons impériaux et de larges médailles de zinc estampées à l'effigie de l'empereur, arrachés aux frontons et aux côtés des devantures de boutique, rencontre un municipal à cheval. Ce pauvre garçon est entouré ; on lui arrache son sabre du fourreau et on le menace de l'attacher par les jambes à la queue de son cheval.

Le malheureux, tout blême, montrait pour attendrir la foule, une médaille de sauvetage attachée à sa poitrine.

En ce moment, un landau à deux chevaux, occupé par deux dames âgées, s'arrête d'un côté du faubourg pour laisser passer la foule. Les deux vieilles dames, épouvantées par la clameur, se serraient l'une contre l'autre ; je me tenais à courte distance, prêt à intervenir.

Mais la foule tumultueuse passa sans avoir fait attention à elles, après avoir même lâché le pauvre municipal auquel on avait rendu son sabre.

Les foules en délire, haranguées ou dirigées par des meneurs, sont aptes au mal comme au bien selon les mauvais ou bons sentiments de ces meneurs.

Si un énergumène avait excité ces fanatiques, dont j'emprunte les expressions, contre ce sbire de Badinguet ou contre ces deux vieilles bourgeoises, un double malheur était possible.

J'ai vu bien des aberrations, à Paris, en cette journée du 4 septembre. Dans le faubourg du Temple, un homme du peuple arrête un mobile de Paris et, tirant son couteau de sa poche, lui coupe tous les boutons de cuivre de sa vareuse et les jette dans une bouche d'égout.

Pourquoi, dis-je à cet homme, ne lui prenez-vous pas aussi ses sous qui portent, comme les boutons, l'aigle impériale? Faut-il donc aussi détruire les chassepots qui portent l'estampille de l'Empire?

Un groupe se forme, il était avec moi contre ce radical d'un genre spécial.

Il n'y a pas eu de sang versé au 4 septembre mais, dans certains quartiers, la foule entourait et brutalisait les sergents de ville effrayés. Des gamins leur arrachaient par surprise leurs épées du fourreau pour promener comme des trophées ces épées tordues et faussées.

Tristes trophées que ces épées tordues en tire-bouchons qui, ainsi que les collets d'argent arrachés aux officiers de paix, étaient déposés..... au pied de la statue de Strasbourg. J'ai cependant vu plus tard quelques cantinières de la garde nationale coiffées d'anciens bicornes de sergents de ville qu'elles avaient cru rendre méconnaissables en les ornant, ces bicornes, d'attributs ou cocardes tricolores.

L'excessive versatilité de la foule est indéniable. En une autre circonstance, malheureuse celle-là, il eût suffi d'un homme énergique, en uniforme, populaire, pour éviter un crime atroce.

Je veux parler de l'affaire Vincentini. J'étais sur la place de la Bastille pendant que ce malheureux, reconnu, disait-on, pour un ancien agent de Piétri, pour un assommeur, enfermé au poste au-dessus de la voûte du canal, attendait son sort.

Une foule nombreuse, irréfléchie, cruelle, criait : A mort! à l'eau! à l'eau. Un officier de garde nationale, en uniforme, apparaît derrière la grille du poste et monte sur une table pour parler à cette foule.

Je me dis : Le prisonnier est sauvé. Hélas non ! cet officier choisit le mauvais rôle et condamne l'agent désarmé.

Que n'a-t-il dit à ces exaltés : Citoyens, cet homme quoique policier est un prolétaire comme nous, mais au service d'une mauvaise cause pour gagner sa pauvre vie. Ne déshonorons pas la République par une lâche violence; je demande en son nom grâce et liberté pour cet homme.

S'il avait parlé ainsi, le prisonnier était sauvé!

Après sa condamnation Vincentini fut entraîné; on sait le reste.

Ce dernier trait s'est passé après la guerre et est imputable, comme le 18 mars, aux Trochus de la défense de Paris qui, par leurs hypocrisies et leurs mensonges, avaient rendu la population furieuse de colère et de haine contre tout ce qui tenait à leur autorité.

Quel aléa terrible qu'une guerre lorsqu'elle est conçue, poursuivie et terminée par des hommes médiocres!

Et dire que ce sont ces derniers qui, aussi vaniteux qu'ils sont nuls, en redoutent le moins les incalculables conséquences et se croient aptes à en réparer les cataclysmes.

Certains s'enflamment à l'idée d'une guerre; d'autres sont fervents de la paix; ces idées opposées, ce contraste est une collision latente, un gâchis national en fermentation.

Certes, dès le début d'une guerre, les idées belliqueuses, les idées généreuses dominent et se propagent comme une immense traînée de poudre. Mais à côté de ces idées en naissent d'autres opposées. C'est la désagrégation morale de la nation, c'est la compétition de toutes les hautes et basses ambitions, c'est l'effervescence de tous les partis, c'est le tumulte, c'est la révolution ; c'est la révolution même à l'armée, si cette armée n'est pas tenue d'une puissante main.

Qui ne se rappelle, en 1870, les milliers de citoyens qui, traînant des soldats dans leurs rangs, parcouraient les rues la nuit avec torches, drapeaux, lampions et criaient : Bis... marque mal ; à Berlin ; Bismarck si tu continues etc. ; la Marseillaise.

Les groupes pacifiques qui criaient : Vive la paix ! étaient les plus sérieux mais moins nombreux.

Quelquefois, deux groupes de tendances opposées se rencontraient ; cela produisait une collision avec pluie d'invectives et de horions de part et d'autre.

La nuit qui suivit la déclaration de guerre, à la suite d'une rencontre de deux groupes d'idées opposées, un manifestant, vêtu d'une grande capote à boutons métalliques, supposé partisan de la guerre, se démenait éperdument, nu-tête, échevelé, la figure en sang, au milieu d'un groupe hostile qui le brutalisait.

Un nouveau venu à mine farouche fend le groupe et, saisissant à la gorge l'homme blessé en capote, lui crie d'une voix haineuse avec un accent de rage inoubliable : Honte, honte aux traîneurs de sabre. Or, ce traîneur de sabre était un cocher qui se trouvait là par hasard.

Qui ne se rappelle, à cette époque, les soldats des casernes jetant par les fenêtres ustensiles, vivres, vêtements ; les marchands de vin ne pouvant suffire à remplir les bidons ; des soldats ivres le soir, se roulant à terre dans les carrefours ; et, dans l'ombre, des hommes à figure sinistre prenant les recrues à part et leur conseillant : les uns, de tirer sur leurs officiers, les autres, de déserter en masse. Qu'est-ce que ça peut vous f....., disent les conseilleurs ; vous n'avez rien à gagner à vous battre.

Craignez donc, hommes imprévoyants, la dissolution morale et le gâchis matériel de ces moments d'exaltation nationale ; vous n'avez qu'un moyen possible, une force capable de mâter et de diriger vers le même but, de gré ou de force, toutes les volontés, ce moyen, c'est la discipline. Et le citoyen **Boulanger** n'y songe guère, lui qui reconnaît à l'armée le droit de politiquer. Son armée politicienne évoque le souvenir de la garde nationale de Louis-Philippe et de l'Empire avec des buffleteries blanches en croix sur les gros ventres prud'hommesques, les fausses barbes de sapeurs, les sentinelles lisant le journal, les sacs dorsaux en carton, les hommes s'alignant gauchement le long du trottoir, ne sachant ni porter l'arme ni la charger, en sueur dans des tuniques qui les étranglent, marchant hideusement, grotesques enfin.

Les actes de folie, de bassesse et de cruauté ne sont pas seulement à craindre des foules tumultueuses, mais de toutes les armées : car elles n'ont pour but, elles aussi, elles surtout, que d'imposer violemment leur joug.

Les Prussiens ont fusillé des francs-tireurs sous prétexte qu'ils étaient des bandits et non des belligérants. Le prétexte était odieux, j'en conviens ; tout citoyen d'une nation envahie est belligérant par droit et par devoir. C'était de leur part un moyen de terrorisme qui leur a réussi.

Et nous en 1870, et tout récemment au Tonkin, nous sommes-nous gênés pour passer par les armes, en maintes circonstances, des groupes isolés, surpris.

Les garibaldiens, soldats intrépides, mais trop longtemps laissés inactifs, indisciplinés, persécutaient non seulement les paysans qu'ils dépouillaient et qui les craignaient souvent plus que les Prussiens, mais pour un oui, pour un non, passaient les suspects d'entre eux garibaldiens par les armes?

Leur chef menaça un jour un général prussien de passer par les armes quatre prisonniers allemands pour un garibaldien fusillé.

Le général allemand, dont le nom m'échappe, lui répondit : N'oubliez pas que je puis, moi, en faire fusiller cent et plus pour un.

Ces crimes, ces menaces, donnent bien la mesure de l'atrophie, dans un camp comme dans l'autre en certaines circonstances, de tout sentiment humain.

Les vies humaines, en ces temps de désordres moraux déplorables et de massacres admis, pèsent bien peu sur la conscience des armées et de leurs chefs.

Les Prussiens dépouillaient nos morts de leurs sabres-baïonnettes, de leurs bidons et de leurs hardes; c'était navrant de leur voir porter, presque à tous, ces objets pris à nos soldats morts et de voir accrochés après leurs voitures régimentaires les sabres de nos officiers tués.

Mais n'en faisions-nous pas autant à l'occasion? J'ai vu à Montrouge, *intra muros*, pendant le siège, un groupe de francs-tireurs, de retour d'une petite expédition, qui s'amusaient, devant une foule hilarante, à se vêtir des casques et des ceinturons rougis de sang pris à quelques Prussiens qu'ils avaient surpris et tués.

Ce spectacle était révoltant, ces soldats auraient dû être tout au moins réprimandés. Les dépouilles d'un ennemi mort ne doivent pas être ridiculisées; elles sont respectables.

L'amour des dépouilles opimes était tel, pendant le siège, qu'on se serait fait tuer rien que pour rapporter avec fierté un casque, un sabre ou un fusil prussien.

Les Allemands ont brûlé Bazeilles, Saint-

Cloud, Châteaudun ; non contents d'avoir bombardé Strasbourg, Belfort, et d'avoir écrasé les
principaux forts de Paris de douze cents énormes
obus par jour, ils ont bombardé la grande ville,
lumière du monde. Leurs obus meurtriers ont
tué de pauvres vieillards, des femmes et des
enfants ; sept de ces derniers ont même été tués
par l'explosion d'un projectile au milieu d'un
dortoir de pensionnat congéganiste.

Ils peuvent nous opposer, eux, le bombardement de Sarrebrück, ville ouverte. Nous n'avons
pas brûlé d'autre ville, mais en avons-nous eu le
temps ?

Peut-être serons-nous obligés un jour, nous
aussi, non seulement de couvrir de bombes,
d'obus et de mitraille les forts titanesques qui
entourent Metz et Strasbourg, forts construits
depuis 1870, mais encore ces deux grandes villes
elles-mêmes.

Les officiers allemands ont remporté, dit-on,
des objets de certaines maisons françaises aban-
données.

Et les mobiles, et les mobilisés, logés dans les
coquettes villas de campagne des environs de

Paris, n'ont-ils pas, presque partout, pillé tout, arraché tout?

N'ont-ils pas brûlé tout ce qui était combustible : meubles, fenêtres, parquets et brisé dans certains endroits, sans aucune répression de leurs chefs généraux, le butin qu'ils ne pouvaient emporter à Paris?

Ce dernier fait ne stigmatise-t-il pas la mollesse inouïe des tristes officiers supérieurs, sans excepter Boulanger, qui commandaient à Paris en 1870.

On reproche aux Prussiens d'avoir bousculé les otages, mais ces derniers n'étaient emmenés qu'à titre de représailles et d'intimidation après résistance d'un pays. Les Prussiens ont rançonné les villes et même les pauvres villages, terrorisé nos paysans affolés, égoïstes et cupides; mais, sans vouloir les excuser complètement, je me place à leur point de vue et je dis : c'est de bonne guerre; puissions-nous en faire autant à notre tour! Si notre armée n'est pas admirablement disciplinée, peut-être commettrons-nous des excès autrement blâmables!

Ils nous ont montré à faire la guerre! N'est-ce pas l'art, on lui a approprié ce mot, de pousser entre peuples la destruction jusqu'aux dernières limites de la sauvagerie?

On a même appelé cela du génie. Peut-être même doit-on faire une restriction à la générosité des Allemands envers nos prisonniers? Il se peut, qu'eux, profonds, ne les aient pas tués dans la seule arrière-pensée d'amollir la résistance de nos soldats indisciplinés en leur faisant préférer la captivité aux hasards d'une longue guerre?

Ils faisaient bien croire par contre, eux, à leurs soldats que nous les exécutions aussitôt pris!

Les escortes allemandes faisaient souvent la vie bien dure aux pauvres prisonniers vaincus; leurs sentinelles, après l'armistice même, étaient quelquefois brutales. Nos soldats mériteraient les mêmes reproches.

Peu après la guerre, un sergent, de garde à la porte d'une caserne, disait, devant moi, à un voiturier qui avait peine à écarter les badauds pour y faire entrer sa voiture : Écrasez-en donc sept ou huit; ce sera pain béni.

Un autre jour, mais à l'époque où Paris était encore sous le coup de la terreur versaillaise, je passais pensif le long de la caserne du Château-d'Eau ; un factionnaire me lança ces paroles textuelles : Au large ! ou je vous fous ma baïonnette dans le ventre.

Et les prisonniers communistes, étaient-ils traités humainement ?

Un dimanche de juin 1871, en promenade à Versailles, je regardais, du haut de la terrasse au-dessus, l'orangerie qui était bourrée de fédérés. Un des visiteurs, une femme en deuil, d'allure respectable, accompagnée d'une bonne portant un panier, se cachait les yeux des deux mains en sortant de là en s'écriant : Mon Dieu ! est-il possible de traiter des hommes comme ça !

Non seulement les hommes, mais les femmes elles-mêmes, prisonnières, n'ont pas été épargnées. Tout le long du trajet fatigant de Paris à Versailles, ce ne fut pour elles qu'un calvaire ; ce ne furent que bourrades, menaces et coups de crosse. En arrivant à Versailles on leur jetait des pierres, on les injuriait ; des femmes leur donnaient des coups d'ombrelles.

Leur défenseur d'office devant le conseil de guerre, Paul de Blois, a eu un beau mouvement de grandeur d'âme, lui, lorsqu'il a crié aux juges :

Pitié! pitié pour ces malheureuses, ce sont des femmes! Je n'ai jamais vu cet officier ni entendu parler de lui depuis, mais s'il est encore de ce monde, je ne crois pas me tromper en affirmant que ce doit être un bon et généreux cœur, un loyal et brave soldat.

Si les incapables qui ont dirigé l'anodine défense de Paris avaient, je le redis, fatigué utilement l'indicible ardeur guerrière des hommes armés et de leurs femmes qui, pendant le bombardement, se disputaient les éclats encore chauds des obus sur le lieu même de l'explosion, tous auraient eu besoin et désir de repos. Tout se fût plus ou moins promptement rétabli en ordre normal.

On ne les eût pas vues, ces femmes, pendant la semaine sanglante, un fusil en bandoulière, échevelées, manier la pelle et la pioche pour faire des barricades et, baignées de sueur, crier: Aux armes! exciter leurs hommes et proférer des menaces d'extermination.

Le propos suivant de l'une d'entre elles m'a été rapporté par un témoin oculaire digne de foi: Mes amis, disait-elle, tout en piochant avec ardeur, les

Versaillais sont entrés, il y en a vingt mille, nous allons les cerner, il n'en n'échappera pas un.

Je suis sûr que cette même femme, qui mettait une énergie féroce au service d'une détestable cause perdue, serait parfaitement allée, pendant le siège, soigner des blessés sur un champ de bataille.

Les Trochus et sous-Trochus, Boulanger en est un, nient la vaillance des Parisiens. Non seulement ils n'ont pas cru à la victoire possible de Paris, à cette époque foyer de témérité et d'audace contre l'ennemi, mais ils n'ont pas cru à l'enthousiasme, à la valeur des trois cent mille gardes nationaux.

Ils nient et ils mentent honteusement pour se disculper de leur ignominie. Ils nient l'évidence de la bravoure et ils soutiennent que la population parisienne honnête a toujours été avec eux. Mensonge!

Un fait non signalé, qui les contredit et que j'affirme en qualité de témoin oculaire, c'est que les bataillons qui, au 31 octobre, accouraient de tous les points de Paris sur la place de l'Hôtel-de-Ville, y venaient pour acclamer un gouvernement insurrectionnel énergique, nouveau, qu'ils croyaient installé dans le palais.

Les chefs et beaucoup de gardes criaient : Vive la Commune avec enthousiasme. Pour eux, la Commune c'était d'autres chefs, c'était l'action ; voilà ce qu'ils y voyaient de plus clair. Je n'entendais qu'imprécations de toutes parts contre les traîtres. C'est bien fait ! Nous allons enfin marcher, disaient-ils tous ; on va donc enfin la faire, cette fois, cette trouée !

Et les tristes héros qui avaient déchaîné la fureur populaire nous racontent dans tous leurs récits, parlés ou écrits, que le défilé des gardes nationales parisiennes devant le palais n'était que l'acclamation de leur délivrance.

C'est faux ! Je suis resté là plusieurs heures ; quand je suis parti, il arrivait encore des bataillons en masses de tous côtés, animés du même esprit d'acclamation en faveur de l'insurrection qu'ils croyaient triomphante. Ce fut le lendemain une stupeur muette et générale lorsqu'on connut la duperie.

C'est à regretter vraiment, ma foi, que l'insur-

rection patriotique, mais éphémère de ce jour-là,
n'ait pas écrasé les capitulards affameurs.

Le triomphe de l'insurrection, c'était l'inconnu ;
et toute solution inconnue peut être interprétée à
bien.

Tout chef quelque peu énergique aurait battu
les Prussiens et délivré Paris. Flourens, Sapia,
Delescluze, Blanqui, n'eussent pu faire pire que
les Trochus.

Les premiers voulaient marcher énergiquement ; les autres ne voulaient que capituler.

L'armée aurait obéi de gré ou de force à un
homme énergique qui aurait fait planer un châtiment terrible sur la tête des coupables. Si Bazaine
eût senti à Metz une autorité menaçante au-dessus
de lui, peut-être eût-il eu peur du châtiment du
crime qu'il méditait et eût-il, apparemment, fait
son devoir ; Dumouriez l'a bien fait à Valmy, son
devoir.

Les généraux de 1793, sentant derrière
eux l'échafaud, ne s'endormaient pas sur leur
tâche.

Devant un péril extrême, un péril national, la
violence momentanée des moyens d'action est

légitimée par la nécessité, par la justice, par l'honnêteté pure du but à atteindre. Le succès du droit justifie tous les moyens, les absout et les fait même acclamer.

Mallet, en 1812, avait raison de répondre aux juges qui lui demandaient qui il avait pour complices : la France entière, vous-mêmes si j'avais réussi.

Pendant le siège, un homme énergique, convaincu qui, de prime abord, se fût fait craindre par des exemples frappants, eût été obéi, acclamé et victorieux.

Quand les capitulards usurpateurs ont vu la liste révolutionnaire projetée, ils ont dit, paraît-il : *Finis Franciæ* ! Ils ont même dû le dire en pleurant, car, si aucun n'avait l'énergie de verser un sang fécond, ils savaient tous pleurer à qui mieux mieux, comme des veaux.

Et avec la liste de leurs noms, c'était donc : *Victoria Franciæ*.

C'est avec vous, misérables, que la France a trouvé sa fin. Les citoyens, inscrits sur cette liste et que vous méprisiez en bloc, n'auraient pas, comme vous, rendu un immense camp retranché,

Paris, avec cinq cent mille hommes dont trois cent mille n'ont pas combattu.

La situation n'est devenue désespérée qu'à cause de vous seuls. Jamais peut-être la France n'aura les mêmes moyens de vaincre qu'elle possédait à cette époque.

Boulanger, qu'on croit et qui se croit bon militaire, aurait pu se montrer tel en débloquant Paris en 1871. Il a été appelé au conseil de défense tenu *in extremis* et il ne tenait qu'à lui de s'offrir au rôle suprême. Et si, avec une armée immense, il n'a pas cru la victoire possible, c'est qu'il valait et vaut encore Trochu, pas davantage.

Le généralissime eût possédé cinq cent mille hommes armés; remplis d'enthousiasme, de feu sacré et de confiance; qui n'eussent eu tout au plus devant eux que trois cent cinquante mille Prussiens et alliés fatigués par les privations, dont l'armement était médiocre, affaiblis par les maladies et dont la confiance était très limitée.

Je ne dis pas que devant le feu les masses énormes de gardes nationaux, quoique enrôlés volontairement, non disciplinés, n'eussent pas subi, malgré leur confiance et leur abnégation, le

même instinct insurmontable de crainte de la mort
que subissent toutes les armées civilisées ; mais il
fallait, pour y obvier, fixer en eux la discipline par
des exemples terrifiants ; mais, au lieu d'un Boulanger ou d'un Trochu, il fallait pour cela un bon
général.

La discipline trouvait parmi les gardes nationaux un excellent terrain : c'étaient presque tous
des hommes faits, raisonnables, qui auraient parfaitement compris qu'il valait mieux, dans une
bataille, recevoir des balles ennemies en combattant qu'en fuyant.

Il fallait leur faire entendre que, s'ils fuyaient
par masses désordonnées, l'ennemi les poursuivrait
pour entrer dans Paris avec eux et que, pour arrêter
l'invasion de la capitale, les remparts et les forts
seraient contraints d'ouvrir un feu intense presque
aussi dangereux pour amis que pour ennemis.

Les rangs des gardes nationaux contenaient
des masses d'ouvriers habitués à risquer leur vie
dans le labeur quotidien de leur profession, et con-
séquemment braves ; une quantité de bourgeois,
chasseurs, habitués à tirer de sang-froid, adroits
même ; des patriotes de tout âge, déterminés ; un

nombre important d'anciens militaires hors d'âge, non rappelés ; tous les misérables, vagabonds de la veille, désœuvrés, désespérés, enfants perdus de l'humanité concentrés à Paris ; les anciens combattants de février et de juin 1848 ; des milliers de républicains de fraîche ou d'ancienne date, enthousiastes, prêts à mourir en chantant pour la gloire de leur idole (souriez bien, incrédules stupides !) et enfin le fameux parti d'action de toutes les émeutes, de toutes les révolutions, combattants acharnés, féroces même, contingent unique au monde, amalgame spécial à Paris seulement, que vous n'avez su que craindre et que vous n'avez su faire donner que contre vous.

En admettant une débâcle, une déroute au début, vos troupes ne pouvaient pas se sauver plus loin que dans Paris, vous les aviez toujours sous la main.

Du reste, Paris aurait hué les fuyards, leurs femmes même, ces braves Parisiennes les auraient traités de lâches. Mais il fallait, je le redis, fixer en eux, d'une main de fer, une discipline terrifiante.

Vous aviez plus d'hommes, plus de canons

que les Prussiens et vous aviez une retraite assurée.

Tous les canons n'étaient pas à longue portée, direz-vous ; il fallait les approcher plus près de l'ennemi pour canonner son rideau de forces circulaires et le crever.

Les gardes nationaux, disciplinés facilement par un bon général, auraient marché crânement au feu pour défendre leur foyer, leurs biens, leurs femmes, leurs enfants : pour défendre le grand Paris, la République et la France.

L'Allemagne, à cette époque, jouait son va-tout ; Paris devait être le tombeau de son armée si un homme énergique eût eu la direction suprême.

Tandis que maintenant, avec l'armée actuelle que vous aviez en seize ans le temps de rendre formidable et qui est encore indisciplinée, qui n'a que le nombre, en partie sur le papier, vous vous trouveriez en face d'une armée autrement forte que l'armée allemande de 1870 ; car la force numérique, morale et matérielle de cette dernière a été fiévreusement augmentée et portée au plus haut degré de puissance réalisable ; et Boulanger, qui eût pu, en 1871, prendre le rôle suprême avec grandes

chances de succès, l'a refusé, tandis que maintenant, avec une armée affaiblie par l'inertie de ses
pareils, il ne parle que d'offensive!

Ah! je sais bien que lorsqu'on leur reproche
leur inaction pendant le siège, ils vous répondent :
Il n'y avait rien à faire, on n'improvise pas une
armée.

Imbéciles, c'est là votre grand mot; je le
retourne contre vous. Non, on n'improvise pas une
armée aussi belle que celle que vous aviez, que
vous méprisiez et que vous avez déshonorée!
Non, un tel enthousiasme, un tel patriotisme, ne
se commandent pas, ne s'improvisent pas. Cet
enthousiasme, cet élan, ce patriotisme, étaient
inouïs; il n'y en a peut-être pas un pareil exemple
dans l'histoire des peuples.

Les Prussiens avaient bien la discipline ; mais
ils n'avaient pas une indicible ardeur belliqueuse
que possédait sans conteste la population parisienne armée. Boulanger et ses pareils retranchent
leurs âneries derrière ce prétexte d'improvisation
impossible d'une armée; ceci montre leur nullité.
On ne peut certes pas trouver et former des combattants, une armée dans un désert; mais une

armée est possible, quand, pour la former, vous avez sous la main une population de trois millions d'hommes, des armes, des munitions, des vivres et du matériel en quantité superflue.

Ce qui, je le répète, ne s'improvise pas, c'est le patriotisme; vos hommes l'avaient admirable.

Quant à la discipline, c'était à vous de savoir l'organiser. L'héroïque population parisienne armée s'y serait pliée comme l'a fait spontanément le reste de la population masculine non armée et la population féminine devant le rationnement de toutes les subsistances.

Pourquoi avoir enrégimenté trois cent mille hommes, leur avoir donné des fusils que vous avez même, ô ironie, fait progressivement et à grands frais transformer en tir rapide? Pourquoi avoir à frais énormes aussi fait mettre des culasses mobiles aux canons rayés?

Était-ce pour faire gagner des millions aux entrepreneurs de transformations ou pour vous enorgueillir de livrer ces armes plus parfaites aux Prussiens?

Pourquoi avoir donné à ces trois cent mille hommes, gardiens de la nation, des cartouches par

brassées, les avoir habillés et laissés manœuvrer
militairement chaque jour, si ce n'était pas même
pour leur faire tuer un Prussien, pas même pour
leur faire tirer un coup de fusil sur l'ennemi ?

Vous répondrez peut-être : En cas d'assaut, ils
auraient garni les crêtes des remparts. En ce cas,
si vous les supposiez capables de boucher les
brèches avec *leurs poitrines*, capables de tenir bon
sous les feux concentriques de l'artillerie prussienne, ils étaient, à plus forte raison, capables
d'aller harceler l'ennemi nuit et jour dans ses
contre-fortifications et de lui détruire ses batteries de position.

Pourquoi ne les avoir pas jetés, une nuit, ino-
pinément, furieusement, sur Versailles, en leur
donnant pour mission, et même pour condition
de réouverture des portes des remparts, de rame-
ner Guillaume, Bismarck et l'état-major prussien
prisonniers. Ce succès éventuel aurait rétabli bien
de nos chances, aurait remis bien des atouts dans
notre jeu. Vous n'avez pas le droit de dire : Ça
n'aurait pas réussi; puisque vous n'avez jamais
rien tenté d'approchant. Pourquoi ça n'aurait-il
pas réussi? Vous aviez le nombre, les armes et la

valeur. Pourquoi? Je l'oubliais : ça aurait dérangé de leur sommeil messieurs les Trochus et sous-Trochus d'alors dont Boulanger faisait partie, je le répète.

J'admets, dans ce cas spécial, l'insuccès, la déroute, la panique ; le mont Valérien eût dû être assez bien armé pour arrêter la poursuite. Nos marins, bons soldats, le 35° et le 42° de ligne, deux vieux régiments plus aguerris que les autres, que vous faisiez écharper bêtement dans toutes les rencontres en les mettant toujours en première ligne ; le 128° de marche, les francs-tireurs, les douaniers, les gendarmes et quelques autres poignées de vétérans d'élite auraient eu dans ce cas le rôle : ou d'enlever un point important ou de protéger la retraite par des feux de salves dirigés de sang-froid et à bonne portée.

Mais, si j'admets l'hypothèse d'une déroute, j'admets bien plus encore la probabilité d'un succès. Tous les hommes bien commandés se valent.

N'eût-on ramené que quelques centaines de prisonniers prussiens dans les rangs de la garde nationale, que ce fait eût entretenu l'enthousiasme et la confiance populaires, ainsi qu'une émulation fertile parmi les troupes de ligne.

En tout cas, qu'il y ait eu victoire ou défaite, il fallait recommencer le lendemain, jusqu'au jour de la grande attaque, de la grande victoire. Mais ceci n'a guère hanté vos pauvres cervelles ramollies.

Pendant qu'aux sons guerriers des clairons et des tambours les hommes de tout rang et de tout âge, des rentiers, des ouvriers, des patrons, des adolescents, des vieillards, venaient empressés, admirables volontaires, apprendre avec zèle à marcher et à manier le fusil, si bien qu'au bout d'un mois ils manœuvraient comme de vieux troupiers ; pendant que l'espoir de la délivrance faisait bondir leurs cœurs, que la haine de l'envahisseur, la soif de vengeance, plissaient leurs fronts mâles, vous, cafards, vous ne cherchiez qu'à combattre hypocritement, sournoisement, qu'à combattre ce souffle grandiose du patriotisme le plus pur, enfanté par le réveil de la vieille France révolutionnaire et guerrière.

La *Marseillaise*, les chants guerriers, les volontés de combattre, le cliquetis des armes, tout cela vous faisait sourire.

Vous étiez loin de chercher par de nobles paroles à inculquer l'esprit de discipline dans ces masses hardies.

Peu vous importait; vous mangiez! Vous n'avez jamais cru, hommes sans cœur qui avez déshonoré l'uniforme de général français; vous n'avez jamais cru, avec vos cinq cent mille hommes, qu'à la capitulation de Paris. Vous n'avez même pas châtié les fuyards du plateau de Châtillon! Ces malheureux, à tout prendre, n'étaient pas coupables, c'est vous qui l'étiez de les envoyer au feu sans discipline.

Ne fallait-il pas, en 1870, discipliner et aguerrir sans relâche l'armée et les mobiles par des coups de main de nuit d'abord, fréquents et bien conduits, sur l'ennemi, pour les rendre insensibles au sifflement des balles et des boulets?

Ne fallait-il pas leur élever l'âme par de grandes et nobles paroles, les bien préparer, en un mot, à vaincre ou à mourir?

Lorsque vos deux cent mille réguliers et mobiles eussent été bien aguerris, bien prêts à marcher accompagnés d'un immense matériel, de vivres, munitions et ambulances, les gardes nationaux

devaient leur ouvrir le chemin par des combats
journaliers pour fatiguer l'ennemi.

Vous n'aviez qu'à leur dire :

Habitants de Paris,

L'ennemi, grisé par ses triomphes, ose investir
la ville superbe! Vous allez le châtier de son
arrogance.

Que pas un d'entre eux ne vous échappe !

Vous allez donc pouvoir, sous Paris, les exterminer, ces faux invincibles. Leur seule force est
l'obéissance à leurs chefs; vous obéirez, vous, fidè-
lement aux vôtres.

Ne tirez qu'à coup sûr, et, lorsqu'à courte
distance vous en recevrez l'ordre, abordez, mais
dans ce cas seulement, abordez l'ennemi franche-
ment, hardiment, à la baïonnette.

Vous avez la supériorité du nombre pour vous;
vous aurez la force de vaincre.

Vous serez les dignes petits-fils des héros républicains de 1793. Dédaignez comme eux les balles
et les boulets.

Ne vous jetez sur l'ennemi, et surtout ne battez
en retraite, qu'au commandement. Sachez que le

moment le plus meurtrier d'une bataille, c'est la retraite, car l'ennemi tire avec d'autant plus d'assurance que l'adversaire ne riposte plus. A vous donc de le faire fuir ou de l'exterminer sur place.

Avant la grande attaque pour laquelle l'armée et la mobile se préparent, vous allez, gardes de la nation, chaque jour et à tour de rôle, harceler et fatiguer l'ennemi dans ses positions, puis vous aurez l'honneur et la gloire de prendre part à la grande bataille qui sera la délivrance de Paris.

J'ai confiance en vous: vous serez stoïques et fermes comme les volontaires de Jemmapes et de Valmy; du reste, je dois le dire, s'il y avait des lâches parmi vous, je les ferais passer en conseil de guerre.

Mais vous préférerez tous mourir avec honneur sous le feu de l'ennemi que fusillés par des Français.

Si des bataillons lâchaient pied, leur chef en serait responsable. Il n'y aurait pour ces bataillons ni repos ni trêve; ils seraient de tous les combats et au poste le plus dangereux.

Réjouissez-vous! Demain, la moitié des bataillons va attaquer, l'autre moitié attaquera le jour suivant; puis les attaques recommenceront jusqu'au grand jour où tous les gardes nationaux, la mobile les soldats réguliers, tous unis dans une même ardeur, livreront la bataille suprême qui anéantira l'ennemi et livrera passage à deux cent mille hommes qui, conjointement avec l'armée de la Loire, tomberont sur l'armée de Frédéric-Charles.

S'il y a des lâches parmi vous, qu'ils se retirent avant les combats ; je n'en veux pas dans les rangs ; je ne saurai quoi en faire.

Préparez-vous donc tous moralement à combattre et à mourir pour la patrie ; que pas un ne faiblisse.

Paris éblouira le monde par sa gloire.

La France, notre mère, compte sur nous tous.

Courage ! Tenez-vous prêts et vive la France !!

C'était là le seul rôle possible de la garde nationale et elle y aspirait de tout cœur.

Elle n'avait pas à tenir campagne longtemps ; sa composition physique ne le lui eût que difficilement permis ; mais elle était parfaitement constituée et armée pour fournir des combats d'un jour.

La garde nationale volontaire formait un total de trois cent mille hommes robustes, quelques-uns trop vieux ou trop gros, c'était là l'obstacle physigne à une longue et dure campagne, mais la généralité étaient des hommes faits, bien autrement vigoureux que les gringalets de recrues prussiennes. Ils eussent certainement été fiers de leur court mais beau rôle.

Les combats, ainsi que je le dis plus haut, devaient être engagés par eux avec cent cinquante mille hommes chaque fois, divisés en quatre armées de trente-sept mille cinq cents hommes, soutenues chacune par cent cinquante pièces d'artillerie. Deux des armées devaient attaquer de jour; les deux autres la nuit. Nous, agresseurs, pouvions concentrer trois ou quatre cents pièces de notre artillerie sur un point donné à enlever ou à détruire. Les Prussiens ne pouvaient pas eux, incertains du point d'attaque, dégarnir de canons leurs lignes circulaires pour nous faire subir des feux d'artillerie aussi écrasants. Et les obus, étaient-ils donc illimités de nombre? direz-vous. Oui, ils l'étaient pour nous; Paris en fabriquait tant qu'on voulait; Paris qui n'était plus une ville, mais pour ainsi dire un peuple entier, fabriquait, non seulement des équipements, des armes, des canons, des projectiles, mais encore de la poudre. C'était en quelque sorte un centre d'approvisionnement inépuisable, sauf en vivres.

Au bout de six ou huit jours de combats, d'attaques incessantes et bien dirigées, l'ennemi eût été sur les dents. Ses munitions, sa résistance, eussent été épuisées, son nombre décimé.

Au retour d'émissaires sûrs : des colonels déguisés, je suppose, stimulés par la promesse du grade de général, et d'une forte somme en cas de réussite, envoyés par le généralissime en nombre et de plusieurs côtés aux chefs des armées de province; au retour de ces émissaires lui rapportant l'assurance formelle de l'attaque, par ces chefs d'armée, de leurs adversaires à la même date et même heure que nous, devait être livrée la grande bataille où toutes les forces de Paris et de province combinées auraient donné ensemble et auraient vaincu.

C'est ce jour-là qu'il fallait lancer avec une fureur inouïe, après les avoir enflammés par une proclamation stoïque et franche, les deux cent mille hommes armés de chassepots sur les positions prussiennes, pendant que les trois cent mille gardes nationaux, bien aguerris cette fois, y

eussent aidé en faisant diversion de plusieurs
côtés et en contribuant à l'attaque principale.

Les soldats et les mobiles, rendus impatients
de combattre par les précédents hauts faits d'armes de leurs aînés, les gardes, eussent eu à cœur
de venger ceux d'entre eux, leurs parents ou amis
morts en combattant; ils eussent compris qu'ils
devaient mieux combattre encore.

Mais au lieu de faire tomber glorieusement,
noblement, pour la patrie, parmi les gardes nationaux quinze ou vingt mille tués et une cinquantaine de mille blessés en huit ou dix jours de
combat qui eussent pu sauver la France, vous
avez préféré, généraux de parade, les faire mourir
sans profit de privations, de froid, de faim, de
misère et de l'horrible épidémie de petite vérole
qui les a décimés.

Les Trochus étaient tellement ignares qu'ils
n'ont cru avoir de bons soldats, bien prêts, que
quand tous seraient habillés uniformément.

Les mobiles de province, en blouse, ne pouvaient pas, à leurs yeux, être des combattants:
voilà un bel échantillon de la perspicacité militaire de ces hommes! Ils ont même cru utile

d'habiller et d'équiper militairement la garde nationale, qui n'avait pas à quitter Paris bien loin cependant, même en cas d'emploi normal indiqué. C'était probablement pour leur permettre de... jouer au bouchon, chaudement vêtus, sur les chemins de ronde des remparts, pendant que confiants dans leur rôle qu'on préparait, croyaient-ils, ils attendaient une sortie générale torrentielle qui n'a jamais eu lieu.

Par exemple, il y a une justice à vous rendre, à vous hommes de guerre, vous ne les laissiez pas manquer d'eau-de-vie. Vous en faisiez distribuer à foison, je le reconnais. C'était probablement pour apaiser par l'ivresse hideuse leur noble élan et leur soif de vengeance.

La moitié des hommes n'en buvait pas : l'autre moitié en buvait le double... Tenez, je m'arrête, je n'en finirais pas. Je vous dit seulement : Honte à vous! Pas un seul d'entre vous, suppôts de Trochu, qui avez trempé dans ces infamies ne devrait dorénavant commander dans l'armée.

C'est vous qui êtes cause de la réussite de la Commune, car l'indignation sourde qui fermentait contre vous dans tous les cœurs a quintuplé les partisans du pouvoir insurrectionnel du 18 mars. Tous pensaient comme Rossel, ce brillant officier qui écrivit au ministre de la guerre : Deux partis sont en présence; je me range sans hésitation du côté de celui qui ne compte pas dans ses rangs des généraux coupables de capitulations.

Vous n'avez pas mieux compris les causes de l'insurrection et votre devoir dans ce cas que vous n'avez compris votre devoir devant l'ennemi.

Oh ! je sais bien que ça vous importait peu de verser à torrents le sang de ces malheureux ouvriers parisiens fourvoyés.

Vous êtes aussi bêtes lorsque vous affirmez qu'on ne pouvait rien pendant le siège, que vous êtes cruels lorsque vous dites : On n'a pas encore assez tué de communards. Il est vrai que les hommes lâches sont atrocement cruels !

Votre raisonnement militaire est à la hauteur de votre raisonnement politique. Vous dites en parlant des prolétaires parisiens révoltés : C'étaient tous des gredins, des assassins.

Vous méprisez tellement votre patrie que vous croyez sa capitale capable de fournir une armée de cent mille bandits.

Eh bien, contre cette assertion, mon humble mais patriotique voix proteste avec fierté et vous dit : Vous avez menti !

J'espère, pour ma patrie, ne plus jamais revoir l'invasion ni les Prussiens sous Paris ; mais, si ce malheur revenait, le même enthousiasme unanime ne viendrait peut-être plus s'offrir spontanément. Vous êtes capable d'en avoir dégoûté à jamais la population. Après l'avoir bernée et trompée, vous n'avez eu d'énergie que pour la massacrer. Et cependant, il nous en faudrait du monde pour garnir notre double ligne de forts ! Nous n'aurions pas de trop de toutes nos forces actives disponibles, ainsi que toutes les réserves, pour les jeter sur les millions d'Allemands qui nous déborderaient.

Ah ! citoyens représentants, au nom de notre belle et grande France que nous aimons, garez-nous du retour des mêmes hommes, des hâbleurs de même école auxquels des naïfs paraissent croire aujourd'hui, comme la population parisienne a cru, pendant le siège, pour son malheur, à leurs devanciers.

Est-il possible que Paris et la France aient cru un instant à la valeur de ces hommes qui paraissent

avoir fait école, de ces hommes qui, « s'ils ne sont
pas des traîtres, sont les plus ineptes personnages
auxquels peuple ait jamais confié ses destinées ».
FLOURENS (*Paris livré*).

Trochu, que Changarnier qualifiait, peu après
le siège, de : Tartuffe coiffé du casque de Mengin,
Trochu ce pleureur, ne voyait de soldats qu'en
des hommes vêtus de pantalons rouges. Les douaniers, les municipaux, les sergents de ville formés
en corps ne combattirent pas plus que les trois cent
mille gardes nationaux.

De deux choses l'une : ou il fut trop stupide
pour voir leur vaillance et y croire ; ou bien, crain-
tif d'une sédition, d'un mouvement populaire,
fomenté par eux, trompés sans cesse pendant l'investissement, et qu'il voulait tromper plus tard en
brisant la République, se refusa-t-il à grandir par
la victoire ces républicains qu'il voulait réduire un
jour. Il les rabaissa à sa mesure, à son niveau,
tant qu'il put. Il ne s'occupa jamais que d'une chose,
se sentant fautif, plus que fautif, criminel : préparer des armes contre une révolution menaçante,
à trop juste titre, contre son pouvoir usurpé
qu'aucun grand acte ne légitima.

Quand on parlait d'une sortie en masse, il souriait de dépit : Pas assez de canons, pas de cavalerie !

Devant toutes les manifestations qui réclamaient des sorties sérieuses, ce donneur d'eau bénite de cour trouvait toujours une foule d'objections spécieuses, une foule d'arguments qu'il extrayait de je ne sais quels principes militaires écrits.

Le plus simple moyen pour l'accomplissement de toutes choses est toujours le meilleur ; mais il faut appliquer ce moyen avec conviction.

« C'est la seule tiédeur de notre volonté qui fait toute notre faiblesse et l'on est toujours fort pour faire ce que l'on veut fortement. » J.-J. Rousseau (*Émile*).

Napoléon en 1815 ne disait-il pas, devant l'invasion formidable, accablé d'ennemis de tous côtés : Qu'on me laisse pleins pouvoirs et rien n'est perdu.

Et, malgré les trahisons dont il était entouré, il trouvait moyen de tuer dix mille hommes par jour aux coalisés.

S'il mérite le surnom de grand, dit Esquiros, c'est bien à ce moment-là.

Cent exemples sont là pour prouver que la réussite des plus grandes actions ne sont presque toujours dues qu'à la simplicité des moyens.

Lorsque Ducatel alla agiter son mouchoir sur les remparts, au milieu d'une pluie d'obus, pour prévenir l'armée versaillaise de s'élancer ; lorsque le sergent Hoff allait tuer chaque nuit un Prussien aux avant-postes ; lorsque ce berger de la Haute-Marne qui à lui seul tuait avec son couteau de poche, quand on voulait les lui montrer, d'énormes sangliers après avoir sauté sur leur dos ; lorsque tous ces déterminés voulaient réussir, ils ne perdaient pas leur temps en réflexions judicieuses pour laisser passer le bon moment.

Je n'excuse pas les régicides ; un roi est un homme et le tuer par surprise est un assassinat ; mais il est notoire que ceux qui, bien déterminés, munis d'un simple couteau, ont voulu en tuer un, ont réussi.

La conviction et le sang-froid, voilà les moyens de réussite en toutes choses.

Vous, stupides galonnés, vous aviez sous vos ordres cinq cent mille hommes enthousiastes ; et vous n'aviez que trois cent cinquante mille ennemis au plus à combattre devant vous. Si vous aviez cru possible, si vous vous étiez mis bien sérieusement dans l'idée de les écraser impitoyablement, vous l'auriez fait, certainement.

Il vous fallait quinze jours pour discipliner votre immense armée; vous aviez des moyens d'action formidables, et.... rien! rien! rien!

Et les survivants de ces incapables soldats dirigeants osent s'habiller en généraux français! Et ils briguent encore de grands commandements! Et ils sont souriants, triomphants! Et le soleil luit pour eux encore; pour leurs insultantes dorures! L'un d'entre eux, le plus nul peut-être, veut devenir notre tyran, devenir le maître de la France et de ses destinées. Non, ça ne sera pas, et si ça devait être, c'est qu'il n'y aurait plus ni justice divine, ni justice humaine.

Les histrions que Paris avait à sa tête, pour son malheur et sa honte, ont préféré, plutôt que d'utiliser tous les courages, envoyer le vieillard sinistre, l'avorton finassier et grotesque, mendier des secours aux rois d'Europe, qui le regardaient du haut de leur grandeur et voyaient la France d'autant plus basse qu'elle était petitement représentée.

Mais assez pour l'instant de ces hommes de sinistre mémoire ; revenons aux Prussiens.

Quelques-uns d'entre vous, patriotes, les qualifient de lourdauds. Leur façon de procéder envers les officiers français prisonniers, auxquels ils donnaient la même solde qu'en France, est cependant chevaleresque. Ces vainqueurs ont fait honneur aux vaincus en les croyant assez grands, assez loyaux pour tenir leur parole d'honneur, seul gage exigé, de ne pas s'évader du lieu d'internement désigné.

Parlons un peu des prisonniers peu nombreux, hélas! que nous leur avons faits. Lorsqu'ils n'étaient pas tués sur place, ils n'étaient pas moins malmenés que les nôtres entre leurs mains. Ceux faits par nous aux environs de Paris, ramenés dans la capitale, étaient le plus souvent, accueillis par les cris : A mort! à mort! poussés par la furieuse population des deux sexes.

J'entends souvent dire, en parlant des Prussiens: Une fois prisonniers, ils demandaient grâce, ils s'aplatissaient. Nous n'y allions pas de main morte, il faut dire. A Peltre, près Metz, il n'est pas resté un seul homme vivant d'un détachement

prussien surpris dans une ferme par des voltigeurs
de la garde.

Au Bourget, les marins qui ont surpris les
Prussiens dans la matinée du 30 octobre ne les ont
guère épargnés non plus. J'ai entendu un caporal
de mobiles de Paris raconter qu'au Bourget
encore, fouillant une cave avec quelques hommes,
il entend dans l'obscurité chuchoter en allemand ;
pris de peur probablement, il lance un grand coup
de baïonnette dans le vide ; un cri se fait entendre ; on allume une allumette et on voit un Prussien
étendu, la poitrine traversée, sanglant. Les autres
Prussiens avaient peur ; c'est assez naturel.

Que direz-vous donc des centaines de mille des
nôtres que les Prussiens emmenaient prisonniers ?
N'avaient-ils pas, en nombre immense, rendu leurs
armes ? N'ont-ils pas préféré la captivité à la mort ?

Si les mêmes brutalités, les mêmes défaillances,
existent des deux côtés, il s'y rencontre aussi,
selon les circonstances, aménité, grandeur et
générosité.

Les pauvres blessés, quelquefois, se soignaient
entre eux sur le champ de bataille. Tous ces malheureux, relevés indistinctement par les Français

ou les Allemands, plus souvent, hélas! par ces derniers, presque toujours maîtres des champs de bataille, étaient également bien soignés. Les bons sentiments ont, en toute armée, des adeptes.

J'ai vu, au lendemain de la capitulation de Paris, des officiers allemands donner des gâteaux à de petits enfants chétifs portés sur les bras de leurs mères, qui stationnaient en curieuses le long de leurs lignes.

Les Allemands sont loin d'être plus farouches, plus sauvages, plus brutes que les autres. Ne les croyez pas non plus bonasses, patients, moins braves que nous. Ils s'échauffent et deviennent agressifs comme nous. Les étudiants se battent entre eux au sabre pour un oui, pour un non : je condamne le duel, parce qu'en dehors de toute justice il donne le plus souvent la victoire au coupable, mais je cite la facilité dont ils en usent pour démontrer leur mépris de la mort, fût-il absurde.

J'étais à Cannstatt, dans le Wurtemberg, un jour de fête populaire, et ai assisté là à une bagarre formidable dans une brasserie en plein air.

Je ne me rappelle plus le motif, mais les coups de canne s'abattaient dru sur les têtes. Deux gendarmes en casquette, armés de fusils chargés, à deux coups, arrivent pour mettre l'ordre ; ils vont armer leurs fusils, on ne leur en laisse pas le temps, on les entoure, on les bouscule, on les chasse et enfin la dispute s'apaise peu à peu.

Pourquoi le paysan allemand, devenu de force soldat, serait-il plus lâche ou plus cruel que le paysan français enrégimenté ? L'ouvrier allemand, l'employé, le commerçant, le fils de bourgeois, l'étudiant, sont-ils donc plus pervertis moralement que les Français appartenant à ces mêmes classes ? Non, les Allemands de toutes classes sont généralement plus instruits, plus religieux, plus imbus d'un esprit de famille patriarcal que nous ne le sommes, et ils n'ont rien à nous envier pour la soumission à la loi. Les deux premières qualités, l'instruction plus complète et l'esprit religieux, que nous pouvons acquérir, du reste, contribuent fortement à la valeur des armées. Si Boulanger le croit, il n'a jamais osé le dire.

Dans les deux armées, française et allemande, la grande masse est formée par l'élément rural ; quelles qualités guerrières reconnaissez-vous chez le paysan français ? Les paysans allemands mènent comme les nôtres une vie dure, laborieuse, paisible ; ils sont polis, serviables, inoffensifs en somme, mais cupides.

Le paysan allemand, vêtu le dimanche de son costume national : tricorne de feutre noir, habit bleu à longs pans, gilet rouge à boutons d'argent, culotte courte, souliers à boucles, n'a que peu de jouissance à la danse gaie du jour du repos. L'espoir de sa vie, comme à notre Breton, à notre Bourguignon, à notre Tourangeau, à notre Gascon, à notre Auvergnat, comme à notre Normand à blouse bleue et bonnet de coton blanc ; leur espoir constant, leur suprême bonheur à tous..... c'est de vendre leur récolte le plus cher possible.

Hors cela, tout, même le reste du monde, leur est bien indifférent !

Enrégimentez, toutefois, Allemands ou Français ; selon la direction et l'instruction qui leur seront données, ils feront de bons ou de mauvais soldats. Les premiers, sous la conduite de chefs distingués et savants, ont combattu utilement malgré eux et nous ont vaincus : les seconds, nos Dumanets et nos Pitous, ont, au commencement de ce siècle, étonné l'Europe. Et plus récemment, en Crimée, eux qui, dit-on, en débarquant, pâlissaient au bruit de la canonnade, ont, ô prodige ! enlevé d'assaut Sébastopol et sont aptes à faire encore des merveilles, merveilles militaires, si on sait les y préparer et les conduire autrement que le faisait Boulanger, qui, loin de les endurcir, les amollissait.

Mais, si je rappelle ce qu'une direction énergique a pu faire des uns et des autres, je ne me hasarde pas pour cela à affirmer d'un côté ou de l'autre un esprit de sacrifice inné, une abnégation immense.

L'armée sous Sébastopol a été bien heureuse, bien soulagée de la prise de la forteresse ; de même qu'à Sedan, l'immensearmée allemande qui cernait la ville a eu un mouvement spontané et bien humain de délire inouï.

Une explosion de joie unanime retentit ; une immense clameur de triomphe s'éleva de l'armée victorieuse lorsqu'elle apprit la présence de l'empereur dans la ville. *Der Kaiser ist da!* L'empereur est là, criaient les vainqueurs.

Des soldats s'embrassaient; dans cette vic-

toire immense : capture d'une armée nombreuse,
tout entière, avec ses parcs, ses munitions,
ses voitures, ses subsistances, son matériel
entier, son état-major et le chef suprême de
la nation de cette armée, l'empereur ; devant
ce fait d'armes sans précédent, incomparable.
inespéré, tous croyaient la guerre terminée et
voyaient surtout en ce triomphe la fin de leurs
peines physiques, la fin de leurs fatigues.

J'ai questionné des soldats allemands sur une
foule de menus détails de leur organisation militaire et, je dois le dire, j'ai obtenu d'eux, qu'on
cite comme brutaux, avec complaisance tous les
renseignements que je désirais.

Cette étonnante et admirable armée m'avait
tellement impressionné par sa tenue correcte et
sa discipline exemplaire que je voulais en connaître
tout au long le fonctionnement. Leurs armes.
leurs costumes, leurs exercices, leurs opinions,
leurs coutumes, m'intéressaient au plus haut point.
On disait tant de choses fausses d'eux, à l'époque !
On prétendait qu'on les schlaguait, on disait
qu'ils tiraient sans épauler le fusil, simplement en
appuyant la crosse sur la cuisse.

On disait qu'ils avaient des balles de cuivre.
Un jour que je formulais cette dernière assertion
au milieu d'un groupe de Poméraniens, l'un
d'entre eux me donna une de ses cartouches à
balles de plomb, forme olive, pour me convaincre
du contraire.

C'était correct; eh bien, comparez ce fait de
la part d'un soldat prussien, à cet autre fait émanant d'un soldat français et voyez par vous-
même où s'affirme l'abominable indiscipline.

J'avais dix ou onze ans; je regardais, vêtu en
collégien, mêlé dans leurs rangs, des soldats tirer
à la cible dans la plaine de Vincennes.

Un jeune caporal me dit : Veux-tu tirer ? Oui,
lui dis-je. Il me charge son fusil à piston, me fait
tirer un coup de fusil sur la cible et me donne
un paquet de six cartouches. J'étais enchanté
alors, mais ça ne m'empêche pas maintenant de
constater dans ce fait un exemple de désordre et
de manque de surveillance.

C'était probablement défendu, cette libéralité
du jeune caporal en ma faveur; donc indiscipline.
Si ça ne l'était pas, c'était une imprévoyance, qui
sous Boulanger régnait encore en tout.

Lorsque j'abordais les soldats prussiens, je
cherchais quelquefois, avec une imprudence que
je ne commettrais peut-être plus maintenant, à
les républicaniser : je leur exposais des sentiments
de fraternité et de liberté. Je leur disais que la
guerre est la plus monstrueuse folie humaine ;
que les peuples, tous frères, devraient s'unir dans
une paix universelle ; que la guerre ne profitait
même pas à la nation victorieuse ; que la guerre
n'était désirée que par les manieurs d'affaires,
les agioteurs, les tyrans, tous ceux enfin qui y
ont intérêt..... Quelques-uns écoutaient bouche
béante ce langage nouveau pour eux ; il n'en est
pas moins vrai qu'ils auraient parfaitement pu me
faire arrêter sous l'inculpation de les corrompre.

J'ai rencontré peu de lourdauds, mais par
contre beaucoup de jeunes gens intelligents et
instruits.

Les officiers allemands ont un ton de commandement bref, impératif et imposant ; je leur
trouve de plus une tenue militaire droite, ferme,
correcte et soignée. J'ai moins causé aux officiers
qu'aux simples soldats allemands ; je ne les abordais que lorsque, après examen physique som-

maire, je croyais être sûr de leur courtoisie. Je les ai toujours trouvés polis et toujours prêts à faire droit aux justes réclamations contre les exactions de certains de leurs hommes.

Pendant la Commune, du 18 mars au 22 avril, jour de ma fuite de Paris, j'ai questionné aussi beaucoup de soldats fédérés isolés. J'en ai exhorté beaucoup à déposer les armes, même des enragés. Aucun ne m'a dénoncé. Le même esprit débonnaire, la même insouciance, animaient presque tous ces hommes. Je leur serrais volontiers la main en les quittant.

J'ai rencontré chez certains une brutalité aveugle, mais le nombre de ces derniers n'était pas plus grand que dans les autres armées.

Un jour de bataille, je vois venir à moi, dans Paris, un fédéré que je connaissais depuis quelque temps ; il était exalté, à moitié ivre, il m'a semblé.

— D'où venez-vous donc? lui dis-je.

— Je rejoins mon bataillon, répond-il ; nous venons de nous battre contre des sergents de ville déguisés en lignards, des gredins. J'en ai assommé un par terre d'un coup de crosse de fusil : voyez, elle est pleine de sang. »

— Comment, vous avez tué un homme par terre! C'est ignoble! C'étaient des soldats que vous aviez devant vous, probablement; mais, quand bien même c'eût été des sergents de ville habillés en lignards, ce n'étaient pas moins des hommes, des Français. »

Ils vous combattent, continuai-je, c'est assez malheureux pour eux d'être forcés de le faire. En vous combattant, ils font leur devoir; ils vous vaincront. Vous avez commis en en tuant un à terre, blessé, une lâcheté impardonnable. Tenez! j'ai honte de vous avoir serré la main.

Cet homme était ahuri de ma colère; je crois qu'il comprenait qu'elle était justifiée. J'ai appris depuis qu'il avait été tué pendant la lutte.

Les tristes généraux de la défense de Paris avaient tellement troublé, aigri les sentiments du peuple que des inoffensifs étaient devenus féroces.

Cet homme, un peintre en bâtiment, n'était pas méchant, certains faits précédents me l'avaient bien prouvé, mais il croyait combattre la réaction antirépublicaine, les capitulards et leurs défenseurs. La meilleure preuve qu'il n'était pas méchant, c'est que, quoique l'ayant si vertement

blâmé, il ne s'est pas vengé de moi en me dénon-
çant ; cependant il connaissait mon domicile.

Une autre fois, le 20 avril, je me promenais
boulevard Saint-Michel ; j'entends le tambour ;
j'approche du trottoir : c'était un bataillon de mon
quartier dont je connaissais toutes les figures et
dont j'étais parfaitement connu.

J'ai peur et, pour leur tourner le dos à tous,
j'entre dans une colonne Rambuteau. Quelques
secondes après, arrive derrière moi un homme de
ce bataillon, précisément mon ennemi mortel qui
avait dit, je le savais, plusieurs fois en parlant de
moi : « Si je le rencontre, je lui brûle la gueule. »

C'était un déménageur de profession, violent
de caractère ; il portait continuellement, à part
son fusil, un énorme pistolet à un coup à la cein-
ture.

Je l'avais plusieurs fois contredit, et, comme
on sait, les énergumènes, pires tyrans, veulent
voir leurs idées régner sans conteste. Je lui avais
dit une autre fois que son pistolet lui donnait
l'air d'un brigand. Il m'en voulait et disait aux
autres : « Ce réactionnaire, nous le ferons bien
marcher de force ! »

C'est cet homme que je sentais debout derrière moi; j'étais loin d'être rassuré. Je lui dis :

— Un tel, vous êtes mon ennemi, vous pouvez me perdre; vous ne le ferez pas. Je vous crois assez de cœur pour ne pas me livrer; il faut absolument que je sorte de Paris au plus tôt pour raisons de famille importantes.

— Pourquoi, dit-il, ne marchez-vous pas avec nous contre les Versaillais, assassins de la République?

— Ce n'est pas mon idée. D'abord la République n'est pas directement attaquée. Si elle l'était, je serais dans vos rangs.

Sans lui donner d'autres explications, je l'ai quitté en lui cédant ma place dans la colonne, et me suis esquivé vivement.

Mais au fond de l'âme j'éprouvais un sentiment d'amour-propre, d'avoir su tirer une bonne action de cet homme et j'éprouvais aussi un sentiment réel de reconnaissance pour lui, violent entre tous, que mes raisons personnelles de neutralité avaient, malgré ses ressentiments, désarmé contre moi.

Je l'ai revu après les journées sanglantes et

ne l'ai pas plus fait arrêter que je n'aurais fait arrêter qui que ce soit; mais je crois qu'il a été tout de même pris, plus d'un an après la chute de l'insurrection et déporté.

L'armée de Versailles ne possédait pas cette discipline enviable qui ennoblit une armée et renforce sa valeur offensive; mais il y a eu un instant et forcément en elle pour éviter la défection ou le retour des défaillances coupables du 18 mars une force de direction qui l'a rendue supérieure comme valeur à l'armée insurrectionnelle, brave mais indisciplinée, et qui en a hâté l'écrasement.

Peu après la Commune, ce sont nos fantassins que je questionnais individuellement.

Je leur demandais le nombre approximatif de leurs morts; si les fusillades en masse avaient réellement eu lieu comme on le disait; si les opérations avaient été bien conduites, etc.

Je demandais encore : Y a-t-il eu beaucoup de fédérés de sauvés par des officiers de l'armée? (Je sais qu'il y en a eu : mais par Boulanger, aucun.) Est-ce vrai qu'on a massacré dans leur lit des blessés dans les ambulances?

Tous me renseignaient, étaient obligeants: certains même que j'avais gâtés par de petites récompenses s'accrochaient de telle façon après moi que j'étais obligé de m'en défaire par ruse.

Je conclus de tout ce qui précède que tous les hommes, individuellement ou en foule, ont les mêmes instincts et les mêmes tendances.

Rassemblés en armées, tous ont ou peuvent avoir la même valeur, selon la qualité du commandement. Les Prussiens ne sont pas seuls des fusilleurs.

A mon retour à Paris, après la Commune, mon brave et digne père avait raison de me dire : Tu as bien fait de partir, pour ne rentrer qu'après la lutte; ici, tu te serais fait fusiller par les fédérés ou par les troupes de Versailles en protestant contre les violences des uns ou des autres.

Je venais de passer chez mon oncle, ancien commandant de mobiles, maire d'une petite ville des Vosges, cinq semaines de mortelles angoisses.

Mon oncle recevait chaque jour, comme tous les maires, des bulletins militaires de Thiers, télégraphiés par le préfet, je crois.

Un matin, il revient de la mairie la figure

décomposée et me dit : Voici une dépêche terrible.
J'y lis : « La porte de Saint-Cloud vient de tomber
sous le feu de nos canons; il y a en ce moment
quatre-vingt-dix mille hommes de troupes dans
Paris. Delescluze a été tué, Millière passé par les
armes. L'archevêque de Paris, le président Bon-
jean et soixante-quatre autres hommes de bien
ont été fusillés par les scélérats auxquels nous
venons d'arracher Paris incendié et ensanglanté. »

Après cette lecture, je n'y tins plus.

Mes parents étaient à Paris : je partis tout de
suite les retrouver.

Le voyage me semblait interminable. Enfin
j'arrive à Paris. Je presse le pas, et, ému, impa-
tient, sans m'attarder sur mon passage à aucun
incident des rues, j'arrive à la maison, but de mes
pensées. Je monte à la hâte, je sonne à la porte
haletant; on m'ouvre...... tous étaient vivants et
c'était miracle.

Mon père, ma mère, mon jeune frère, avaient
vécu huit jours dans un quartier, vraie fournaise,
où la lutte avait été telle que le mur de la caserne
en face de leur maison avait des brèches énormes
faites par les canons des buttes Chaumont.

Pas un carreau ne restait aux fenêtres; les meubles étaient brisés. Des monceaux de pierres lancées à travers les fenêtres par l'explosion des obus sur le mur de pierres de taille de la caserne en face d'eux, des éclats d'obus, des balles aplaties, des morceaux de verre et de porcelaine brisées jonchaient le parquet des chambres.

J'ai aidé à tout déblayer et à remonter de la cave les lits et objets qu'ils y avaient descendus pour y passer, bien incomplètement abrités du danger, huit jours d'angoisses mortelles, au bruit du canon, de la fusillade, des cris, et envahis par la fumée des incendies d'alentour. Là, ils s'étaient à tout instant préparés, sous les menaces réitérées des fédérés qui allaient mettre le feu, à partir au hasard, mon père avec un paquet de hardes, ma mère avec un petit sac passé au bras contenant leur modeste fortune, fruit de toute une vie de travail honnête, et portant serré dans ses bras le jeune enfant, mon frère, qu'elle venait d'allaiter.

Oui, tous trois avaient ainsi passé huit jours en pleine lutte, menacés de coups de feu par les soupiraux de caves et menacés de l'explosion d'un immense dépôt de munitions et de poudre dont étaient bourrés les caves de la caserne en face et un monument public tout entier, dans la même rue, à cinquante mètres au plus de leur navrant abri.

Eh bien, malgré toutes ces horreurs, malgré les souffrances de mes parents, malgré les crimes de la Commune, si j'avais vu fusiller de malheureux prisonniers désarmés, je crois que je serais, pour ma perte, intervenu.

Je me crois un certain sang-froid, mais il est impossible de se contenir devant un fait par trop révoltant ou qu'on juge tel; en voici un exemple :

Dans l'intervalle qui s'est écoulé entre l'armistice et la Commune, je dis un jour à ma mère : « Veux-tu venir voir les Prussiens? — Je n'y tiens pas, me dit-elle. — Viens donc, répliquai-je, une petite promenade te fera du bien.

Nous allons à Nogent, près du lac des Minimes, et nous approchons à pas lents du cordon de sentinelles prussiennes.

Lorsqu'elle les vit de près, surtout un groupe de jeunes officiers allemands causant à des femmes légères, ce spectacle lui fit subir, à elle si douce et si calme d'habitude, une impression telle qu'elle se mit à injurier soldats et chefs en les traitant de monstres, de brigands, de gredins.

J'avais beau lui dire : « Tu vas te faire arrêter, tais-toi, je t'en prie, » elle continuait. J'ai eu toutes les peines du monde à la calmer; enfin, je l'ai prise par le bras et l'ai éloignée.

N'ont-ils pas entendu? N'ont-ils pas compris? Se sont-ils montrés généreux, ces ennemis? Je ne sais.

Mais je puis dire que nos officiers, vainqueurs de Paris insurgé, avaient l'oreille plus fine lorsque de pauvres veuves, désespérées, en deuil de leurs maris ou de leurs fils, folles de douleur, les insultaient ou menaçaient au passage. Ces femmes, martyres du siège, ces Parisiennes vaillantes, ces Françaises désespérées, n'étaient pas épargnées. J'en appelle à Boulanger, il peut nous en raconter de belles là-dessus, lui.

Plusieurs furent fusillées, d'autres traînées sur les pontons.

Je ne comprends pas que des militaires, chez qui les sentiments d'honneur et de générosité devraient être inséparables du courage et du

patriotisme et portés au plus haut degré, se laissent aller à des représailles abominables.

Il ne s'agit pas de glorifier et de fêter tous les
ans la mémoire de Hoche, le héros généreux, il
faut grandir l'armée en y faisant pénétrer ses
idées d'honneur, de générosité en même temps
que de discipline rigoureuse.

Portez aux nues tant que vous voudrez Hoche,
le général pacificateur, mais maudissez, mais ne
faites jamais émerger de l'ombre les nouveaux
Westermann, les nouveaux Joseph Le Bon, les
exterminateurs infatigables, monstres à figure
humaine altérés de sang chaud, les abjects lâches
qui transformeraient volontiers des armées en
bandes d'assassins.

C'est assez d'être obligés, pour vaincre, de tuer
des hommes sans merci et par les plus violents
moyens; aussitôt la victoire obtenue, faites grâce
aux vaincus!

Le massacre après la victoire la déshonore, la
salit; tandis que le vainqueur quintuple sa gloire
en accordant la vie sauve aux pauvres prisonniers
qui, désarmés, sont hors d'état de lui nuire.

La haine et la rancune ne font que des tueurs

d'hommes : la générosité enfante des Hoche et des
Marceau. Puisse-t-il en surgir beaucoup de cette
trempe à l'armée française, et le moins de Boulan-
gers possible, pour la rendre généreuse et forte!

Notre armée, que les chauvins irréfléchis croient
invincible à présent, était cependant, en 1871,
terriblement abattue au moral lorsqu'il était si
utile qu'elle montrât du patriotisme.

Les Prussiens étaient maîtres d'une partie de la
France ; chaque combat était pour eux une victoire ;
ils avaient rançonné tout le pays conquis, brûlé
des villes et des villages et tué les plus braves des
Français. Ces désastres inspiraient-ils la haine et le
désir de la vengeance dans le cœur du soldat?
Non ; tous ou presque tous voulaient la fin de la
guerre.

Strasbourg et Metz capturés, la France
envahie, amoindrie, leur était indifférente ; la plupart ne visaient qu'au repos.

« Inutile de combattre plus longtemps conduits
par les ânes qui nous commandent, » disaient les
uns. « Nous sommes vendus, » disaient les autres.
« Nous avons perdu, il faut payer » disaient certains.
« Nous en avons assez, » disait le plus grand nombre.

Ceci prouve surabondamment que l'amour de la patrie, l'esprit de sacrifice, ainsi que le mépris de la souffrance physique et de la mort, sont de vains mots dans la masse des armées que la discipline ne tient pas et parmi lesquelles les hauts sentiments moraux n'ont pas été constamment cultivés.

L'homme irréligieux qui souffre durement sans compensation est bientôt à bout de force morale.

Pour éviter chez le soldat les tristes effets de ce découragement, il faut qu'il soit tenu dans un étau. Tenu ainsi, il ne réfléchit pas à sa souffrance, il ne donne pas cours à ses instincts pervers, il ne réfléchit qu'à bien obéir.

Je sais bien que vous allez me citer l'ardeur des gardes nationaux de Paris. Cette troupe de trois cent mille volontaires était, il est vrai, pleine d'ardeur encore, mais c'est parce qu'elle avait moins souffert; sa haute dose de patience n'avait pas été émoussée par la fatigue.

Ne comptez donc pas, imprévoyants incorrigibles, sur un esprit de patriotisme inné dans vos troupes. Elles n'en ont pas plus que les autres l'apanage. Les soldats de Sedan, de Strasbourg et de Metz ont vite pris leur parti de la captivité; ceux de Paris sont allés allègrement remettre leurs armes aux Prussiens.

Non, ce n'est pas le patriotisme qui fait marcher les armées. Toutes cependant contiennent des patriotes prêts à se plier sans murmure à toutes les souffrances et prêts à faire abnégation de leur repos, de leur fortune et de leur vie, mais c'est le petit nombre.

Les enrôlements volontaires sont toujours nombreux au début d'une guerre, c'est vrai, mais le total n'est en partie formé que par des déclassés, des malheureux qui y trouvent leur compte ou des curieux d'aventures qui satisfont leurs instincts.

Peu d'hommes heureux et riches se dévouent de corps et de biens à leur patrie.

Il y a certainement, dans toute armée, des hommes plus braves, plus téméraires que d'autres des mêmes rangs, mais ces qualités tiennent surtout à leur milieu habituel de vie sociale.

L'homme de mer, le mineur, qui affrontent la mort chaque jour, l'ouvrier au labeur dangereux, sont certainement des hommes plus braves, sont certainement des soldats plus solides qu'un artisan sédentaire ou un rentier.

Les hommes qui seront toujours les plus braves sont ceux qui possèdent une foi religieuse vive ou ceux qui, jeunes, riches, heureux, par tempérament impétueux, par orgueil de nom, par fierté de race, veulent acquérir, en plus de leurs biens enviables d'ici-bas, la gloire des batailles.

Mais ces nuances existent dans toutes les nations: aucune n'est, sous ce rapport, plus favorisée qu'une autre.

J'en appelle aux généraux, observateurs du soldat, aux bons par conséquent; je leur demande s'ils croient, en toute sincérité, que le soldat en guerre pense à sa patrie ou aux malheurs qui la désolent? Non, avouez-le, il ne songe qu'à ses souffrances physiques, qu'il trouve toujours excessives, et au danger qu'il court et qu'il veut éviter.

Non, le patriotisme n'est pas l'esprit dominant et inné d'une armée quelle qu'elle soit. L'esprit dominant, bien humain, c'est la préservation personnelle, la malédiction contre les fatigues.

Vous ne vous rappelez donc pas, chauvins entêtés, la conduite d'une grande partie des troupes françaises qui, en 1870, lâchaient pied partout?

Il est vrai qu'elles avaient pour excuse la mollesse et l'ineptie des chefs, mais enfin, elles fuyaient.

C'était cependant bien le moment, pour tout Français, de montrer du patriotisme et de l'abnégation !

Ces troupes qui fuyaient sans cesse contenaient évidemment des hommes braves dans les mêmes proportions que toutes autres, mais le sentiment bien humain de la crainte de la mort entraînait tout, puisque la crainte de votre autorité ne les retenait pas.

Le soldat, entre deux menaces : la mort s'il combat ou la molle répression s'il fuit, préférait cette dernière, la moindre.

Ces mêmes fuyards auraient parfaitement résisté à des attaques furieuses s'ils avaient été tenus dans une main de fer inexorable, c'est-à-dire conduits par d'autres généraux. Certes, ces mêmes troupes, disciplinées, auraient pu marcher à la victoire ; car ce qui fait marcher les armées et les rend capables et dignes de vaincre, c'est la discipline la plus absolue, entrave terrible qui tient le soldat et se fait, en tous lieux et en toutes circonstances, sentir à lui.

Ce qui encore améliore moralement les armées, c'est la confiance en leur propre force, et cette confiance n'existe en elles que lorsqu'elles se sentent bien soudées, bien tenues, bien solides par la discipline et que leurs chefs, bien tenus eux-mêmes, en quelque sorte impeccables, leur imposent en même temps la crainte et l'estime.

Drôle d'estime que suggéraient nos chefs de haute marque. Je me souviens de l'observation superficiellement banale mais profonde d'un brave garçon, ancien grenadier rappelé pour la guerre et versé au 128ᵉ de marche pendant le siège de Paris.

« Comment, disait-il, ne serait-on pas vaincu? Nos chefs ne connaissent rien au commandement: ils nous commandent d'aller à droite quand il faut aller à gauche, toujours à l'inverse de ce qu'il faut. »

L'opinion de l'homme est de peu de poids, c'est vrai, mais non quand il existe dans les rangs une mésestime générale.

Ce qui fait, enfin, marcher le soldat avec entrain et satisfaction relative, c'est que ses compatriotes, ses camarades, sont, sans exception, sans faveur,

exposés au danger au même titre que lui. Cette dernière considération est d'un immense poids. Je me
souviens avoir vu, en 1870, deux rappelés se battre
à ce propos avec acharnement : l'un disait à l'autre :
« Va donc, bougre de fainéant, bougre de tringlot !
tu ramasseras nos képis et nos fourreaux de baïonnettes quand on nous aura foutus dans le trou. »
Dans d'autres groupes j'entendais souvent dire :
« Les richards se tirent toujours des pieds ou se
faufilent dans les bureaux ou les ambulances ; nous
autres prolétaires nous sommes la chair à canon. »

Les Français fixés en Allemagne qui, en juillet
1870, regagnaient la France, nous signalaient
constamment des scènes de pugilat entre soldats allemands rappelés dont ils étaient témoins
dans les gares pour les mêmes motifs : jalousie,
convoitise de certains hommes de l'armée, du plus
ou moins de sécurité des fonctions de leurs camarades.

Ne soyons donc pas des enfants. Ne farcissons
pas nos têtes d'un chauvinisme mesquin et ne
croyons pas notre armée invincible à l'avenir parce
qu'elle est l'armée française et a le beau cavalier
Boulanger en perspective. Elle sera seulement

capable de vaincre quand elle sera disciplinée et le susdit beau Boulanger n'a jamais songé à cette vertu, pour lui bagatelle.

Quand bien même elle serait d'une bravoure extrême, beaucoup plus brave que sa rivale, elle ne serait pas pour cela nécessairement victorieuse.

La folle bravoure du soldat, zouave, turco ou autre, n'a plus rien à faire dans des combats où des hommes qui voudraient bondir à l'assaut intempestivement, recevraient un déluge de balles à chaque seconde, à chaque pas. La bravoure alliée au sang-froid n'est indispensable que chez l'officier pour tenir l'homme.

Les officiers sont, il le faut du reste, généralement plus braves que les soldats. Ils sont plus braves parce que tous ont choisi par inclination, volontairement, une carrière dangereuse; ils sont aussi plus braves par amour-propre devant leurs hommes, devant leurs collègues, et parce que, dans les armées disciplinées, ils craignent utilement le regard de supérieurs inflexibles.

Pour ne parler que de notre armée, que nous devrions organiser admirable sur toutes faces, la grande majorité des officiers est composée de jeunes qui en 1870 étaient des enfants, qui, par conséquent, n'ont pas pris part à la guerre ; il leur manque, à certains, le sang-froid imperturbable devant le feu.

Ils ont beau savoir qu'il leur faut risquer leur vie à tout instant par devoir, il existe en eux, comme en tout être humain, un instinct de conservation qui devant un grand péril pourrait donner un démenti à leur volonté.

Un de mes amis, engagé volontaire dans l'armée versaillaise contre la Commune, soldat du petit corps d'Arnault et de Vresse, me disait avec franchise, lui, volontaire, qu'il n'en menait pas large devant le feu, c'est son expression, et qu'il se couchait à terre ou se cachait derrière un arbre quand il le pouvait.

Il faudrait parmi ces officiers néophytes, pour suppléer au baptême du feu, qu'ils n'ont pas subi, une discipline rigide la plus exemplaire, la plus implacable.

Avec cette discipline de fer, exigée des officiers et qu'eux-mêmes exigeraient de leurs hommes, on pourrait espérer bientôt de tous une tenue ferme et martiale à tous les degrés de la hiérarchie et le fonctionnement irréprochable de tout rouage petit ou grand. Mais ce n'est pas un général indiscipliné au plus haut degré qui l'aurait jamais introduite à l'armée.

Sans la discipline la plus rigide, notre armée ne sera jamais capable de vaincre l'Allemagne; Boulanger n'a jamais compris ça.

ARMÉE ALLEMANDE

SOUVENIRS ET COMPARAISONS

Armée allemande.
Souvenirs et comparaisons.

Jetons un coup d'œil investigateur et impartial sur les rouages de l'armée allemande.

Un adversaire habile doit connaître le fort et le faible de son ennemi, soit pour lui porter des coups, soit tout au moins pour parer à ses atteintes.

« Puisque le voilà désormais forcé de combattre, il faut, de peur de surprise, qu'il connaisse son ennemi. » (J.-J. ROUSSEAU, *Émile.*)

L'armée allemande prussifiée cherche, corrige, étudie toujours, et, quoique parfaitement organisée de longue date, s'acharne à se perfectionner encore.

Nous, Français, n'avons guère l'air de nous en douter ni de nous en inquiéter non plus, et il nous manque l'arme défensive principale, le plus solide bouclier de nos ennemis, la discipline.

On dirait réellement que notre foudre de guerre Boulanger n'a rien vu, rien subi, rien appris en

1870 et que la défaite a été sans aucun profit pour son expérience militaire. Il n'est pas possible qu'il ait jamais vu manœuvrer les Prussiens, car n'importe quel patriote quelque peu observateur qui les a vus est jaloux de leur prestance martiale et désire leur tenue superbe pour notre armée.

Quel exemple édifiant, que cette discipline contre laquelle se brisent les armées déréglées! Quel exemple pour nous, pour nos hommes de guerre, devrais-je dire, victimes les uns, jouets les autres du terrible engin de victoire de l'armée allemande!

L'armée allemande, dont bien peu, en France, en 1870, soupçonnaient la fermeté, possédait déjà une discipline tellement puissante et invétérée que, malgré ses victoires de Sedan et de Metz, sans égales dans les annales guerrières d'aucun peuple, elle ne s'en est pas départie un seul instant pendant la guerre.

Autour de Paris, sous les canons des forts, en plein hiver rigoureux, malgré la menace de nos attaques, malgré leurs travaux absorbants de contre-fortifications, les Allemands n'ont pas cessé de faire l'exercice régulièrement chaque jour.

Pendant et après l'armistice, même ordre, mêmes habitudes correctes, même discipline; exercice encore, exercice toujours. Et les étonnants effets d'une organisation modèle semblable ne vous ont, général Boulanger, inspiré aucune crainte ni aucune émulation? Ce fonctionnement merveilleux ne vous a pas frappé?

Bien des faits m'ont frappé, moi, simple patriote; je vais en citer quelques-uns absolument authentiques; puissent-ils vous être profitables!

Je me rappelle entre autres, un matin de février 1871, parti de très bonne heure, avant le jour, de Paris, de chez mes parents, pour aller acheter à Saint-Denis un morceau de pain blanc, j'ai rencontré dans la demi-obscurité, sur la voie ferrée du chemin de fer de Soissons, une compagnie de Prussiens en marche dans une attitude saisissante: ces hommes, munis de pelles et de pioches qu'ils portaient sur l'épaule, allaient au travail matinal en ordre et en tenue irréprochables; tous marchaient fièrement, d'un seul pas, d'une allure martiale, en sifflant ensemble un air militaire.

La tenue de ces hommes était d'autant plus étonnante qu'ils n'étaient groupés et en marche dans le brouillard, que pour une simple corvée, commandés par un sous-officier, et qu'on était au lendemain de la capitulation, si grisante pour eux, de la vaillante capitale martyre.

Peu après, rentrant dans Paris, pensif, je vois, le long des talus des remparts, des bandes de mobiles de province, en corvée eux aussi, mais se poussant, se bousculant, disséminés de tous côtés, s'appelant à tue-tête, jouant à saute-mouton.

Ce spectacle m'a écœuré. Quel contraste entre ces vaincus sans dignité et leurs vainqueurs stoïques!

C'est que d'un côté était une éclatante capacité militaire, une force virile, une discipline organisée, sérieuse, apte à mater les mauvais instincts de l'homme, et, de l'autre, ineptie, incapacité, mollesse, laisser-aller complet.

O vous tous, Français désintéressés, patriotes, députés, dont le nombre, quoique réduit, est encore trop grand, qui reposez votre confiance sur un militaire qui, au pouvoir, au lieu de discipliner l'armée, l'a efféminée en la flattant, au nom de la patrie, au nom de la République, méfiez-vous des Trochus et des Bazaines de l'avenir! Républicains au pouvoir, méfiez-vous des complices des forfaits de ces hommes; méfiez-vous des contrefacteurs de notre armée; purgez-la des incapables, rénovez-la, disciplinez-la; faites-la belle, notre armée!

On a bien raison de dire, allez : tels généraux, tels soldats.

Une autre fois, à Montrouge, je regardais des soldats allemands postés à une barricade élevée en travers de la route d'Orléans; un officier arrive, à cheval, au pas, s'arrête à courte distance en arrière et voyant que le chef de poste, son subordonné, occupé, ne le salue pas, fixe ce dernier et attend, lui supérieur, qu'il en soit aperçu; puis, se frappant plusieurs fois légèrement la casquette de la main droite, lui demande ainsi le salut : l'autre met la main à la visière et ne la retire que quand son supérieur a tourné bride.

Pouvons-nous dire, nous, qu'en temps de paix même un officier exige le salut d'un chef, son inférieur, qui affecte de ne pas le voir et de paraître absorbé par son service? Non; souvent même l'officier est indifférent au salut du simple soldat.

Et à leur rentrée à Paris, de quelle soumis-

sion, de quelle discipline, les troupes allemandes
n'ont-elles pas fait preuve, sans se départir toutefois de leur prudence habituelle?

Cette prudence, en cette circonstance comme
en toute la campagne, consistait à envoyer
d'avance des cavaliers en vedette pour tâter le
terrain, pour se renseigner sur les sentiments de
la population.

Ces cavaliers d'avant-garde, des hussards
rouges, placés aux Champs-Élysées pendant plusieurs heures, aux détours des rues, correctement
campés sur leur monture, ne bougeaient pas de
place en attendant le gros des troupes.

Enfin, arrivent par masses, dans un ordre
admirable, les trente mille hommes (le onzième
de l'armée d'investissement, m'a dit l'un d'eux),
choisis dans les différents corps à titre de récompense.

Ces hommes de troupes diverses, dont beaucoup arrivaient de loin, fatigués, venaient d'être
passés en revue. Malgré leur fatigue, les fantassins marchaient au pas, comme un seul homme,
la tête et le corps droits, bien alignés, les fusils
parfaitement tenus.

La cavalerie était admirable aussi d'ordre et de tenue; l'artillerie en arrière plaçait ses canons en batterie place de l'Étoile.

Ils n'ont pas eu la forfanterie de passer tous, eux triomphants, sous l'Arc de Triomphe qui porte les noms de leurs villes principales conquises autrefois.

Au commandement, tous s'arrêtent, avec un ensemble parfait, puis se fractionnent, en ordre encore, pour prendre possession de leurs cantonnements.

Les faisceaux sont formés; les sacs sont placés symétriquement à terre, les casques déposés pardessus, et les hommes, ayant mis leur béret, se promènent par groupes, sans tumulte; quelques-uns allument leur légendaire pipe en porcelaine.

Les cavaliers, des uhlans, sans presse, sans cohue, en ordre et ensemble toujours, descendent de leurs chevaux et les conduisent par la bride aux lieux désignés. Pas un n'a dépassé les limites fixées.

La grande ville avait cependant bien de l'attrait pour eux. Leurs sentinelles ne laissaient même pas stationner leurs camarades devant les grilles fer-

mées du jardin des Tuileries ; aucun n'insistait,
même un instant.

Aucun n'a essayé d'enlever les voiles noirs qui,
dès le matin, placés par des mains patriotiques,
bandaient les yeux des statues de nos villes de
France de la place de la Concorde ; aucun n'a
profané les drapeaux et les couronnes d'immor-
telles et de fleurs amoncelées pendant le siège sur
la statue de Strasbourg.

Grande ville alsacienne, puisque j'ai encore
ton nom sous ma plume, un mot : Les Trochus
de la défense nationale ont décrété, pendant le
siège de Paris, que ta statue serait coulée en
bronze et érigée à la place où, comme tes sœurs
de pierre, tu es assise majestueuse. Tu attends
encore cet honneur dû par la France. Ce n'est pas
un oubli des patriotes ; c'est de la négligence de
la part de ces mêmes hommes dont la mollesse t'a
laissé arracher des bras de la France. Ton nom,
ton souvenir sont dans nos cœurs avec l'espérance,
avec la foi. Que ces sentiments remplacent pour
toi le bronze promis ; ils sont purs et inaltérables
comme l'or !

Voilà donc les Allemands vainqueurs répandus

dans Paris, au prix pour eux de l'abandon de Belfort.

Il n'y avait presque personne pour les voir; toutes les persiennes étaient baissées; les volets étaient fermés, et à quelques-unes des fenêtres closes flottait librement un drapeau noir.

Ces drapeaux noirs, les voiles noirs des statues, les fenêtres closes, le vide fait à dessein autour des vainqueurs, ce désert où on les parquait, pour ainsi dire, étaient comme une insulte à leur puissance; et, cependant, tout cela n'a provoqué ni rébellion ni violences.

Une armée indisciplinée aurait tout brisé, tout arraché; aurait cherché à pénétrer dans le cœur de la grande ville; les chefs n'eussent pas été maîtres de leurs hommes; des collisions graves se seraient produites; le sang aurait coulé.

Au lieu de cela, le calme, la subordination, l'obéissance la plus passive. Trente mille hommes seulement, en vertu des clauses de l'armistice, devaient entrer; il n'en est pas entré d'autres, malgré leur ardent désir; le reste de leur armée s'est contenté de voir Paris de loin.

Quel magnifique résultat pour des chefs, d'être

arrivés à obtenir pareille soumission, pareille discipline de si grandes masses d'hommes!

Combien d'exemples ne pourrait-on pas citer?

Des Prussiens, après une longue étape, logeaient chez un père de famille. Après souper, quelques sous-officiers se couchent dans les lits disponibles, d'autres restent à se chauffer, à rire et à boire l'eau-de-vie qui est à leur discrétion.

Alourdis de sommeil et de boisson, les derniers veilleurs veulent gagner leur lit, il n'y en a plus de disponibles, ils sont occupés par les enfants de la maison.

Ça ne fait pas l'affaire des soudards; ils veulent faire lever les enfants et prendre leur place au lit, le père s'y oppose, insistance des sous-officiers.

Le père va dans la maison voisine trouver un officier; se plaint. Ce dernier arrive et dit seulement à haute voix, sur le seuil de la maison, ces mots : Tous sur la paille dans la grange.

Non seulement les obstinés de tout à l'heure, dégrisés subitement, y vont tête baissée, mais les premiers couchés des sous-officiers se relèvent et vont vivement avec les autres où l'officier l'a ordonné : dans la grange, sur la paille !

D'autres, à leur arrivée dans une petite ville qui au début de la guerre, avait organisé une troupe de francs-tireurs, connaissant ce fait, se tenaient sur leurs gardes.

Ils apprennent que le pharmacien de la localité, un vieux républicain à barbe blanche, a tenu contre eux des propos menaçants et que, détail dont ils prennent note, les deux filles du vieil orateur portent des vestons rouges.

Le pharmacien est soupçonné d'être franc-tireur : on l'arrête, on l'entraîne en prison. On va le juger, le fusiller peut-être.

Ses deux filles, affolées, cherchent par tous les moyens à prouver son innocence.

Les voilà qui courent de tous côtés après avoir suivi le bon conseil de quitter leurs vêtements rouges.

Soudain, l'une d'entre elles reconnaît un soldat auquel son père avait assez longuement causé avant son arrestation. Elle implore son assistance, mais cet homme lui fait cette réponse typique : « Mademoiselle, je regrette beaucoup, mais je n'oserais jamais, non jamais, aller réclamer à un chef pour votre père ! »

Quel indice frappant du prestige des officiers que la réponse sincère de ce soldat ! Le vieillard après maintes démarches en sa faveur, fut enfin lâché.

Autre exemple dans la même localité :

Une dame, dont le mari était à l'armée de Bourbaki, commandant d'un bataillon de mobiles, a un jour dix-huit Prussiens à loger dans sa petite maison.

Ces soldats, quoique prenant comme toujours la précaution de coucher tous réunis dans les chambres du devant de la maison, subissent une alerte la nuit, craignant une surprise des francs-tireurs.

Le lendemain, ils recherchent les armes dans toutes les maisons et on demande à cette dame la clé d'une longue malle placée sous un escalier.

Elle avait, la pauvre dame, mis deux épées de son mari au fond de cette malle pleine de linge d'homme : caleçons, gilets de flanelle, chaussettes, etc. Lorsqu'on lui rend la clé, elle se dit : Tout est pillé. Elle va voir. Rien, absolument rien, ne manque ; cependant les soldats qu'elle logeait

avaient froid, n'avaient pas de linge neuf et on
était en plein hiver.

Mais, si leurs souffrances leur disaient de prendre,
une force les arrêtait dans leur désir : la discipline.

Cette même dame, toujours seule, eut à loger,
lors d'un autre passage d'ennemis, un officier allemand, type assez original, comme le prouve le fait
suivant : cet officier, après s'être mis à l'aise dans
sa chambre, remarqua que son gilet de drap de
dessous la tunique était infesté de poux ; il alla
dans le jardin, y fit un trou et l'enterra.

Le soir, cet officier eut des allures assez vexa-
toires ; il dit du mal des Français, posa ses pieds
sur une chaise et fuma sans permission. Il était
probablement quelque peu pris de boisson, car le
lendemain, avant de partir, il fit humblement des
excuses à cette dame.

Après l'armistice, son mari revint atteint d'une
bronchite qui devait l'emporter peu après.

Des Allemands passèrent. La maison du brave
militaire eut à loger un officier. Cet officier allemand, qui parlait facilement français, était discret,
mais il commit une maladresse qu'il sut racheter.

Lors du souper du soir, au dessert, il dit, en voyant servir un compotier de pommes :

« On nous les a vendues très cher à Bourbonne, » et il en mit trois à côté de son assiette sur la table pour les emporter.

Cette dame lui dit, tout en coupant une pomme en deux et donnant la moitié à son mari : « Ici elles sont chères aussi. »

L'officier rougit et en quittant la table laissa les pommes qu'il avait prises.

Avec une pareille armée, me disais-je le cœur gros, à cette époque, ils nous terrasseront toujours si nous ne leur opposons pas, plus tard, pareille force de cohésion disciplinaire.

Le spectacle d'une belle armée est, on a beau dire, on ne peut plus imposant, impressionnant.

Il y a vraiment des faits étonnants de discipline à prendre en exemple dans l'armée allemande.

Que pensez-vous de ces artilleurs prussiens qui, ayant oublié plusieurs canons dans une ferme 'le jour de la bataille de Coulmiers, sachant que les Français ne les ont pas enlevés, retournent le lendemain avec des prolonges pour les reprendre et les ramènent?

Croyez-vous qu'un commandant de batterie d'armée indisciplinée aurait corrigé ainsi son oubli, son erreur ou son affolement de la veille?

Ah bien oui! Que lui importent ses canons si on ne lui en demande pas compte, s'il ne craint pas la punition de sa faute ou de son crime?

J'ai bien vu à Créteil, le 30 novembre, le jour de la bataille de Champigny, un officier d'artillerie qui, envoyé pour placer sa batterie dans des épaulements gabionnés, énormes, construits d'avance exprès pour lui derrière un mur de jardin, a escamoté complètement son devoir!

Au lieu de placer sa batterie à l'endroit désigné, puis d'abattre le mur pour la démasquer au moment utile, ce commandant est resté tout le temps du combat à s'abriter personnellement derrière une barricade, laissant sa batterie en arrière dans l'inaction.

Il était envoyé là, à son poste, à dessein cependant! On comptait sur le concours utile de cette batterie. Eh bien! ses hommes et ses canons sont restés sur la route à ne rien faire, malgré l'indication de l'emplacement qu'il avait l'air d'ignorer et que lui donnait le signataire de ces sérieux mais très mal dirigé, où nous n'avons guère combattu que des troupes allemandes alliées des Prussiens, je ne reproche pas au général Ducrot de n'avoir pas été tué ; on le lui a déjà trop reproché. Un général en chef ne doit pas s'exposer si ce n'est quand la bataille est gagnée. Il s'est déjà trop exposé ; quelques gendarmes à cheval de son escorte ont été tués derrière lui. A quoi, du reste, sa mort aurait-elle servi ? Mais je lui reproche, comme manquant totalement de logique, cette phrase de sa proclamation : « Je ne rentrerai à Paris que mort ou victorieux. » Mort, on le ramenait à Paris qui lui aurait fait, par reconnaissance, un splendide cortège funèbre ; mais, victorieux, il n'avait pas à y rentrer, à Paris, puisqu'il allait rejoindre avec ses cent cinquante mille hommes de troupes, après la trouée, c'est son mot, l'armée de Chanzy sur la Loire. Je lui reproche encore d'avoir partagé les alarmes, les craintes puériles de son compère Trochu envers la garde nationale parisienne. Lorsque les tambours et clairons de cette garde se faisaient entendre dans le voisinage de l'hôtel de ville, ils croyaient, Trochu et lui, tout perdu. Se sentant coupables d'inaction, ils avaient constamment peur d'en être châtiés par les patriotes. Je lui reproche surtout, à Champigny, son pont de bateau trop court, ses retards en maintes circonstances et ses coupables faiblesses de toutes sortes envers des troupes qui lâchaient pied et des chefs qui escamotaient leur devoir comme cet officier d'artillerie dont je viens de parler.

L'artillerie prussienne est d'une témérité inouïe, elle s'avance jusqu'aux extrêmes lignes de tirailleurs. Cette tactique est très habile : d'abord, le bruit que fait l'artillerie donne aux fantassins qu'elle seconde confiance et courage; ensuite, elle arrête l'élan de l'adversaire contre lequel, étant proche, elle peut tirer des coups de mitraille très démoralisants. Je sais bien que vous allez dire : Notre artillerie est améliorée, elle est plus nombreuse qu'avant la guerre, nous avons des schrapnels terribles de deux cent quarante balles, etc., etc.

Aussi bons, aussi bien munitionnés que soient ces canons, quelle que soit leur portée, les Allemands n'ont rien à nous envier et leur artillerie est plus nombreuse que la nôtre. En tout cas, j'espère que le commandant dont je cite plus haut la conduite, s'il n'est pas mort, s'il est encore dans notre artillerie, est le seul qui devant l'ennemi recule devant le danger d'occuper un poste très important qui lui est désigné, dans la crainte de faire tuer des chevaux de sa batterie.

Soyez certains, généraux français, que, quand un chef prussien escamote un ordre ou se trompe, fût-il général, il sait bien qu'on lui en demande compte, la condescendance genre Boulanger est inconnue ; il sait qu'il existe un rigoureux contrôle de ses actes. Von der Thann, tout bon général qu'il était, a bien été destitué après Coulmiers !

C'est la discipline seule qui être int l'homme, qui seule le rend utile, qui seule le fait s'exposer au danger quoique craignant la mort.

Le soldat, le volontaire même ne s'expose pas bénévolement à la mort ; il y a toujours chez lui, à part quelques exceptions, un secret désir d'échapper au danger d'une façon quelconque. Il y a des gens qui marchent gaillardement, ayant bien conscience de la mort qu'ils vont braver, bien décidés à faire leur devoir et que le sifflement des balles impressionne et fait pâlir ; d'autres qui sont bouleversés par le bruit du canon.

Il y a des anomalies bien bizarres dans la nature. Vous voyez des hommes forts, hardis même, se refuser à entrer dans l'eau froide en plein été ; vous en voyez d'autres qui, un jour de bataille, peureux devant un mort glorieuse, seulement menaçante, se suicident le lendemain. A quoi attribuer tout cela sinon à l'atteinte complète, à la maladie, du système nerveux? Cette maladie nerveuse transforme souvent l'homme le plus brave et le rend enclin aux paniques qui perdent les batailles si une discipline de fer ne le tient pas avec les masses et comme les masses.

Sur le prochain champ de bataille, il y aura échange de plomb, d'obus et de mitraille comme on n'en aura jamais vu, gare les paniques! gare à l'armée qui ne sera pas durcie, métallisée par la discipline la plus terrible.

Les Prussiens, parbleu, ne sont pas plus téméraires que les autres ; l'instinct de la conservation est le même chez tous les hommes. Les fanatiques religieux font seuls exception à cette loi, mais ces forcenés ne sacrifient leur vie terrestre que parce qu'ils croient à une vie céleste meilleure.

Cependant, les Prussiens ont, sans fanatisme

religieux, accompli d'étonnants actes de bravoure.

Qu'est-ce qui les envoyait la nuit, sous Paris,
se jeter à l'arme blanche sur les sentinelles
avancées?

Qu'est-ce qui les poussait à se faire tuer, jusqu'au dernier parfois, dans leurs tranchées ou
derrière leurs murs crénelés?

Qu'est-ce qui leur a fait enlever d'assaut les
hauteurs de Spickeren?

Qu'est-ce qui, après Champigny, à Villiers-sur-
Marne, dont ils avaient été repoussés, leur a fait
commettre un coup d'audace qui a coûté la vie au
général Blaize?

C'est la discipline qui les poussait à tous ces
faits ; je complète le dernier : quelques Prussiens,
après la prise du village, étaient restés dans les
caves des maisons. La nuit arrive ; ils se réunissent
tous et, avant de se sauver vers leurs avant-postes,
font une décharge de leurs armes sur un certain
nombre d'officiers groupés autour d'un grand feu.
Le général Blaize fut tué là.

Cet incident de guerre serait à lui seul probant.
D'un côté, des hommes, les nôtres, viennent de

s'emparer d'un village : ordre ne leur est pas donné
d'en garder les issues ni d'en fouiller toutes les
caves. D'un autre côté, quelques hommes, des
Allemands qui, au lieu de s'enfuir isolément en
désordre, heureux d'échapper à la mort ou à la
captivité, se rassemblent et, dirigés par un bon
chef, c'est probable, malgré leur terreur presque
certaine, ne s'enfuient qu'après avoir tiré ensemble
sur l'état-major ennemi.

Et autour de Metz : Qu'est-ce qui a lancé la
landwehr à la baïonnette, dans quelques combats,
sur nos meilleurs régiments français?

Qu'est-ce qui leur a fait accomplir, devant
Belfort, des prodiges d'opiniâtreté? On se rappelle
leurs tranchées creusées dans du roc, remplies
d'eau par le dégel et les pluies torrentielles, que
les soldats, de l'eau jusqu'au ventre, vidaient sans
interruption.

Qu'est-ce qui soudait ensemble tous les jeunes
Allemands blonds aux yeux bleus, imberbes la
plupart, qui avaient l'air de gamins de seize ans ?

Qu'est-ce qui a donné une impulsion inouïe à
toutes leurs armées diverses.

Ce n'est certes pas le pangermanisme de

Bismarck car il n'avait que des secrets pour eux ! Ce n'est pas un patriotisme général, enthousiaste, puisque tout ces petits peuples alliés, loin de combattre pour leur indépendance, pour leur liberté, combattaient et mouraient pour l'empire de leur vainqueur de Sadowa ! Ce n'est pas leur courage ni leur valeur personnelle car, pris isolément, ils n'étaient pas plus braves, plus aventureux que nous, leurs adversaires ! Ce n'est pas non plus leur armement qui les rendait supérieurs à nous, puisque sous bien des rapports cet armement ne valait pas le nôtre !

Qu'on n'aille pas non plus croire que c'était leur nombre car, dans presque toutes les grandes batailles, nous leur avons opposé un nombre égal d'hommes.

Devant Metz, par exemple, les Allemands, pendant un moment, n'étaient que 60,000 ; et nous étions du double supérieurs en nombre.

Non, ce n'est pas leur patriotisme ni leur courage, ce n'est pas leur armement ni leur nombre qui les rendaient forts ; ce n'est pas tout cela. La seule force qui, devant le feu, les faisait manœuvrer avec une précision mathématique, qui les

faisait tenir opiniâtrement, qui les faisait mourir sur
place ou s'élancer sur nous quand c'était l'ordre,
qui les faisait marcher, combattre admirablement
et toujours : c'est la discipline, la discipline
rigoureuse seule, cet étau écrasant qui paralyse
l'individualité, la réflexion, la fatigue, la crainte
de la mort.

Boulanger, ni aucun autre mauvais militaire,
n'a jamais compris ca: je ne puis trop le redire.

Les cerveaux brûlés ne pensent qu'à s'élancer
sans mesure, sans ordre, sans réflexion à la
baïonnette sur des murs humains, scientifi-
quement groupés, qu'à s'élancer, comme autrefois,
sur les Arabes ou Kabyles. Mais un jet d'élan effréné
contre des masses sans cesse renouvelées, supérieurement armées, admirablement disciplinées
est une folie qui se paierait cher aujourd'hui.

En plus de leur discipline admirable, les Allemands ont inauguré contre nous un nouveau
système guerrier d'intimidation et de terreur. Ils
ont empêché les résistances des villes par des
représailles à froid contre celles résistantes; ils
ont pris des otages, prélevé de l'argent partout
sur leur passage et les coups de fusils, inoffensifs

même, ou du moins sans atteinte d'aucun des leurs, ont été réprimés par le fer et par le feu.

Eh bien ! malgré tout cela, malgré la captivité de l'armée de Sedan et de Metz, nous pouvions vaincre encore si, à leur discipline de fer, nous en avions opposé une semblable.

Nous pouvions vaincre, certainement, si les généraux dont les mobilisés, les mobiles, les régiments de marche, les jeunes troupes indisciplinées ne tenaient pas, si les généraux avaient réprimé les défaillances et les coupables faiblesses en frappant le moral des hommes par une répression terrible. Mais ces incapables n'opposaient aux Prussiens méthodiques que des troupes qui, attaquées vigoureusement, fuyaient sans cesse parce qu'elles n'étaient pas tenues d'une main de fer. Disciplinées et tenues rigoureusement, ces troupes eussent pu être excellentes.

Nous étions, au mois de novembre, bien armés et nombreux ; nos soldats valaient les Allemands comme force matérielle et numérique ; mais eux avaient pour supériorité la discipline la mieux comprise pour arme principale. Les effets, possibles contre eux, de nos armes et du nombre

étaient détruits par la mollesse, le laisser-aller,
l'insouciance des généraux dont Boulanger est
l'élève. Les Allemands ont fait, ai-je dit, de la
terreur une nouvelle et puissante force de guerre ;
ils ont osé brûler des villages et fusiller des
patriotes pour un seul coup de fusil !

Sachons, leur gré, cependant, de n'avoir pas
passé par les armes l'armée de Sedan et de Metz.
Nos soldats, retour d'Allemagne, réarmés, réor-
ganisés à la hâte, à peu près, n'ont pas le même
mérite parce qu'ils ont, sans pitié, passé par les
armes une grande partie des prisonniers de l'armée
insurrectionnelle de 1871, des prolétaires égarés,
des Français qui croyaient sauver la République en
se sacrifiant pour elle ; qui croyaient la venger, par
l'insurrection, des histrions chamarrés, des jésuites
qui avaient dirigé la défense de Paris. Ces Français
égarés, indignés, cette fripouille au dire de Boulanger, combattaient d'autant plus volontiers contre
ceux qu'ils appelaient les traîtres de Versailles que
leur ardeur guerrière, à eux, combattants insurgés,
n'avait pas été usée, pendant le siège, par d'inces-
sants combats. Leur révolte, leur colère, leur
férocité même contre ceux qui, après les avoir

constamment leurrés, voulaient leur reprendre leurs canons par surprise, a été le résultat de leurs souffrances sans but et de leur patriotisme inutilisé, aigri.

L'armée provisoire de 1871, instrument de la loi et du devoir, avait pour noble et grande mission de vaincre un pouvoir insurrectionnel puissant, anarchique, et l'a vaincu, mais en remplissant un épouvantable rôle de bourreau; elle a mis à mort par milliers des prisonniers français, ses frères égarés, désarmés. Boulanger qui nie si bien quand il le peut ses actes passés gênants ne peut pas nier ça.

Il eût été cependant bien politique, bien sage, d'éviter de semer les haines, d'apaiser les esprits et d'éclaircir l'avenir par une grande et fraternelle générosité.

C'est encore, dans ce cas, le manque de discipline qui a pu permettre à certains chefs inhumains d'exagérer impunément une répression rancuneuse, tandis que d'autres, heureusement pour l'honneur de l'humanité et de la France, se sont montrés en petit nombre[1], hélas, cléments après la victoire, généreux envers les vaincus.

1. Boulanger en est-il? Ça ne le gênera pas de dire: oui!

Beaucoup de Français, après ces faits sanglants, ont désespéré et désespèrent encore de revoir un jour l'armée française forte, fière, magnanime; mais trève de découragements, Français, ne désespérez pas de la France ni de son armée; vous aurez attendu longtemps, trop longtemps, des réformes utiles, mais le moment n'est peut-être pas loin où un bon général les comprendra et les appliquera. Mieux vaut tard que jamais. Mais, pour obtenir ce résultat tardif, il n'est que temps de vous mettre à l'œuvre.

Messieurs les généraux dirigeants, réveillez-vous bien vite et pénétrez-vous bien que pour la posséder enfin, cette armée française irréprochable, prête à exécuter strictement les lumineuses conceptions stratégiques que vous avez le devoir de préparer, cette armée forte, souple, maniable, il faut l'armer de discipline et vous armer d'énergie pour fixer cette discipline dans nos régiments.

Comment, M. Boulanger et autres, endormis, nous avons été vaincus en 1870 par la seule force disciplinaire des Allemands, et cette force, qui nous faisait défaut à cette époque, nous ne la possédons pas encore?

comme moi en les voyant si soumis, si patients, si forts, si beaux. »

Il me racontait avec enthousiasme, entre autres incidents, qu'un gros de troupes était resté sur pied immobile toute une nuit, juste devant leur hôtel, sans le plus petit désordre et sans laisser entendre le moindre cri ni le moindre bruit.

« Ah! me dit-il en hochant la tête, nous ne sommes pas de force! »

Quand bien même la discipline n'existerait pas à l'armée allemande, votre devoir, généraux français, actuellement, serait d'en doter l'armée française; un tel fonctionnement si beau, si puissant ne devrait pas échapper à des chefs d'armée vaincue qui ont pour mission de s'appliquer à l'embellir et à la renforcer. Espérons que nous ne reverrons plus un ministre de la guerre flagorneur de subordonnés, chercheur de popularité par des réformes bruyantes et superficielles; mais que l'avenir nous donnera un militaire de la valeur de de Moltke.

L'armée allemande est triplée par sa discipline; mais avant de multiplier, voyons le multiplicande, son nombre simple.

L'armée se compose d'un million cinq cent mille hommes d'infanterie munis d'armes parfaites et d'outillage d'attaque et de défense au complet; six pour cent de leurs hommes d'infanterie ont la baïonnette du fusil Mauser découpée en dents de scie acérées ce qui fait cent soixante hommes par régiment, outillés de façon à pouvoir couper en peu de temps un rideau d'arbres ou un bois gênant. Tous leurs pionniers ont ce fusil porte-scie. Chacun de leurs régiments d'infanterie transporte avec lui mille cinq cents pelles et pioches, cent vingt pics de fer, cent quarante petites haches, trente-six merlins. Ces un million cinq cent mille fantassins ainsi armés et outillés sont tout prêts à marcher, éclairés, accompagnés ou suivis par une cavalerie immense de quatre cent mille hommes et chevaux.

Les cavaliers ont dans leurs rangs des soldats spéciaux pour la destruction des lignes télégraphiques et des voies ferrées. L'infanterie et la cavalerie sont protégées toutes deux par la plus formidable artillerie que l'on ait jamais vue, composée de six cent cinquante batteries, formant un total de quatre mille canons de campagne.

Et cette artillerie n'est pas la seule. Il y a,

attenant à chaque corps d'armée, outre le parc d'artillerie de campagne de réserve; outre le matériel spécial des pionniers pour contruction et destruction; outre quantité de caisses de coton-poudre et de tonneaux de poudre de mine pour faire sauter remparts ou ponts; outre l'immense train des pontonniers dont les hommes sont avec soin dressés à construire habilement un pont de bateaux de trente mètres en moins d'une heure et un de deux cents mètres en deux heures et demie; il y a, outre tout cela, marchant avec cela, avec chaque corps d'armée, un parc d'artillerie d'énormes pièces de siège.

Un train considérable de fourgons et de chariots prêts à rouler, chargés de vivres militaires, de fabrication perfectionnée sous la persévérante sollicitude du prince Frédéric-Charles, qui pendant de longues années a surveillé tout spécialement les essais de perfectionnements de cette fabrication; chargés de munitions de toutes sortes; chargés d'un matériel incomparable de construction de travaux d'art; chargés de tentes d'ambulances portatives et du matériel de ces ambulances, ces dernières pour le service des 6000 médecins militaires de l'armée, forme un total de plus de cinquante mille voitures qui complètent cet ensemble prodigieux, cette armée de 1re ligne.

J'ai dit armée de 1re ligne et c'est vrai, car pendant que ces quinze cent mille fantassins, ces quatre cent mille cavaliers, et leurs quatre mille bouches à feu, accompagnés de leurs cinquante mille voitures de train fondront sur nous avec une discipline et un ordre parfaits, trois millions cinq cent mille autres resteront en arrière, à l'abri chez eux, pour former, sous les ordres de militaires savants, expérimentés, bien vite de nouvelles armées.

Voyons! en conscience, le général Boulanger a-t-il fait œuvre utile et pratique, œuvre énergique et virile pour parer sûrement à tout cela?

Ce n'est pas seulement une force égale en nombre qu'il devait viser à avoir, mais une force supérieure en nombre, en discipline et en organisation, s'il voulait pouvoir vaincre un jour.

Il croyait fatuitement, imbu d'une grossière ignorance, notre armée forcément supérieure à l'armée allemande. Cependant, s'il fallait énumérer ce que cette dernière a de supérieur à la nôtre, il faudrait des volumes.

Je cite d'abord : le tribunal d'honneur permanent qui contrôle la conduite des officiers accusés ou soupçonnés de méfaits, les destitue, les condamne ou les absout.

Puis le moyen qu'adoptent les officiers pour connaître les aptitudes spéciales, les antécédents de leurs soldats en prenant connaissance de leur biographie, soit racontée et prise en note, soit écrite par chacun des hommes.

De cette façon, l'officier sait à qui il a à faire et qui il peut choisir pour service spécial ou de confiance.

Je cite encore leurs cercles de sous-officiers où s'organisent des bals avec les femmes de ces gradés et où viennent se mêler et danser les chefs; ces cercles sont un excellent moyen de solidarité, et vous le nierez ou le mépriserez, comme vous méprisez probablement leur système de faire prêter serment au drapeau par le conscrit.

Vous, ça ne vous tentait pas, le déploiement d'un bel appareil militaire en présence duquel le jeune soldat français aurait fait, comme l'allemand, serment de vaincre et de mourir.

Ça vous fait sourire, tout ça, vous, homme fort..... en équitation.

Tout ça vous est subséquemment inférieur, pour me servir de votre expression militaire ; tout ce qui précède ne vous touche pas plus, ne regarde pas plus l'armée française, invincible sous votre belle direction, que ces petits détails, qui sont propres à l'armée allemande : choix spécial des caporaux et des sergents parmi les hommes qui se destinent à rengager ; renvoi immédiat et gratuit des effets civils aux familles. Vous, vous laissiez les effets, empaquetés, se dévorer aux vers pendant trois ans à la caserne où ils attiraient vermine et épidémies.

Autres petits détails propres à l'armée allemande : propreté exemplaire des chambrées et des cuisines ; excellente, propre et saine nourriture des hommes.

Qu'est-ce que ça vous f..... tout ça! Oui, vous avez raison : vous êtes tout pour l'armée française ; avec vous tout est dit tout est beau ! Suffit ! nom de Dieu !

Mais, sachez donc, insensé, que, même en supposant la discipline instituée, acquise en elle,

l'armée française aura un rude fil à retordre, un
rude mur humain à franchir avant d'aller jusqu'à
Berlin. Cependant, disciplinée, elle sera en droit
d'espérer y aller.

Sans la discipline, la défaite attend fatalement
nos armées. Vous avez été pendant votre toute-
puissance au ministère, général Boulanger, aussi
coupable qu'un chef de famille qui, sachant les
préparatifs d'attaque faits contre sa demeure isolée
par une bande de sauvages ou de brigands, laisserait sa mère, sa femme, sa fille, ses enfants,
toute sa famille dans l'ignorance du danger, les
laisserait organiser leur vie sans défiance au lieu
de les prévenir, de les armer, au lieu d'assigner
à chacun son rôle de combat, au lieu de les préparer par tous les moyens dont il peut disposer à
soutenir l'attaque ou à aller avec eux tous, uni à
ses voisins d'alentour, surprendre les brigands
dans leur taudis.

Mais pour tout faire marcher droit, pour tout
préparer, pour tout organiser, il aurait fallu que
vous prissiez votre tâche vraiment au sérieux, et
vous en étiez loin, médiocre ministre, mauvais père
de la grande famille militaire. Il n'y a qu'une

chose de vous à retenir, mais pour la blâmer, c'est votre supériorité... en caracolades.

Pour tout dire : la perfection de l'armée n'occupait pas ou n'occupait guère votre pensée : vous n'étiez avide que de popularité vaine. Vous ne compulsiez pas : vous ne compariez pas ; vous ne réfléchissiez pas au mieux possible : car pour vous, avec vous, l'armée actuelle était une perfection et n'avait rien à envier. N'ayant pas l'intuition du bien, du beau, vous ne voyiez pas le mal.

Les Prussiens, eux, pratiques, ne se sont pas grisés de leurs victoires ni endormis de confiance dans un sot orgueil. Ils eussent été en droit, ils eussent été logiques de trouver bien, de trouver parfait l'instrument qui avait vaincu ; non, ils le rectifient, le corrigent ; ils le perfectionnent encore. De plus, loin de s'user dans la guerre, ils profitent de la paix pour se fortifier contre nous et pour nous isoler tant qu'ils peuvent.

Toute leur vitalité, toutes leurs ressources se concentrent vers ce but : nous surpasser en toutes choses : et cet exemple ne vous émouvait pas? Vous vouliez et voulez la guerre avec l'armée telle qu'elle est : vous êtes un fléau pour la France.

Sachez bien que l'armement des Allemands, que leur organisation, depuis 1870, a été énormément améliorée; vous aurez devant vous des adversaires bien plus forts encore qu'il y a dix-huit ans et vous restiez stationnaire; et vous laissiez l'armée porter au flanc sa plaie rongeante, gangrénée, l'indiscipline.

Les chefs de l'armée allemande, quoique victorieux sur toute la ligne, ne se sont pas endormis sur leurs lauriers; ils ont redressé jusqu'aux plus petites choses militaires qui pouvaient prêter à critique; ils ont corrigé les plus minimes défectuosités de leur armée.

Ces gens sont devenus, par contrainte autant que par habitude, tellement méticuleux, tellement observateurs en tout ce qui touche l'art de conduire les hommes, que rien ne leur échappe; ils ne visent que le côté pratique de tout acte.

Faidherbe, dans sa brochure sur la campagne de l'armée du Nord, parue après la guerre, nous cite le fait d'un officier ennemi, ayant pris en note les paroles de prisonniers français disant entre eux que les capotes en caoutchouc des officiers prussiens se voyaient de très loin. Combien trouverez-vous de chefs chez nous qui prendraient sérieusement note d'une remarque analogue?

Et leur façon de faire porter l'arme sur l'épaule, comme elle était intelligente!

Leur fusil, au lieu d'être porté avec gêne comme le nôtre, la crosse à plat, sans équilibre, exigeant une pression manuelle fatigante pour soulever le canon; leur fusil Dreyse du moins était porté sur l'épaule simplement, sans fatigue, en équilibre, la crosse sur champ, la sous-garde en avant, et la baïonnette au canon constamment.

Ah! je sais bien que l'armée allemande, toute belle qu'elle est, n'est pas tellement parfaite que la moindre critique en soit impossible; mais j'ai beau chercher, je ne me rappelle pas les avoir souvent vus en faute; je ne trouve rien de bien grave, que j'aie vu, du moins. J'ai noté une chose cependant: la naïveté, la confiance facile de leurs soldats. Ainsi, après l'armistice conclu, me trouvant de passage dans un petit village des Vosges, j'entre dans une auberge tenue par une brave femme seule qui logeait chez elle deux Prussiens, absents pour le moment.

Je vois dans un coin les deux fusils Dreyse

appartenant aux deux soldats : je prends un de ces fusils et l'examine. Les deux soldats, deux jeunes blondins, rentrent, et se mettent, tous deux désarmés, devant moi armé. L'un me donne deux cartouches. La baïonnette était au canon, j'aurais pu tuer les deux imprudents et m'enfuir dans la campagne, car la maison était isolée.

Ils étaient désarmés ; c'eût été un crime ; j'en étais incapable. Touché de leur confiance, je leur ai, au contraire, offert à boire, un cigare, et une pièce blanche. Il est probable que défense ne leur était pas faite de laisser toucher à leur fusil, sans cela ils m'eussent empêché ; cette lacune est un tort, je viens d'en démontrer le motif.

A Saint-Denis, j'étais un jour à côté de deux Prussiens en faction ensemble devant l'entrée d'une barricade défendue par un canon à âme lisse ; un de nos canons probablement.

J'écoutais leur conversation ; ils se plaignaient du manque d'effets de rechange et trouvaient le temps long qu'on ne vienne pas les relever.

Leurs casques, leurs armes étaient brillantes, mais leur capote était bien usée et bien sale ; il est

vrai de dire qu'ils pataugeaient dans la boue. Des
sentinelles qui se plaignent devant des curieux :
c'est encore une faute.

Un autre jour, à Neuilly, un de leurs lousties,
non armé, un des hommes de garde à la barricade en travers de la route de la Grande-Armée,
assis sur la crête de cette barricade, riait et plai-
santait avec les curieux en français passable.
La tenue de cet homme était mauvaise ; autre
faute.

Un autre jour encore, aux environs de Sceaux,
pendant que les soldats bavarois faisaient l'exercice et manœuvraient avec un ensemble étonnant,
un simple soldat maladroit avait été retiré d'un
peloton et mis à part en face d'un autre simple
soldat, choisi au hasard probablement, pour ins-
truire son camarade.

Ce dernier était aussi gauche que son élève ;
c'était risible. Il comptait les temps à haute voix,
mais, à la fin de chaque exercice sur place, il lui
restait parfois un temps de trop à compter. Ceci
est une bagatelle, mais elle est notoire.

Cependant, j'ai vu aussi quelques faits
pitoyables : à Bagneux, un caporal conduisait un

malade à l'ambulance ; ce malade faisait pitié, il ne tenait pas debout ; un lit lui était urgent ; mais le caporal qui l'accompagnait, sans se soucier de son état, s'arrêtait auprès de l'un, auprès de l'autre de ses camarades pour leur causer, et le pauvre malade le suivait péniblement en portant une couverture de laine sur le bras. J'ai vu ailleurs des officiers causant et riant avec des prostituées et enfin, chose la plus grave, j'ai vu un officier prussien de garde à un poste, accoudé sur une table devant la porte de ce poste ; sur cette table était posée une bouteille de champagne dont il se versait de temps en temps un verre qu'il buvait sans honte devant tout le monde.

Je cite ce dernier fait avec joie parce qu'il est grave et le plus condamnable.

Je regrette de ne pouvoir citer davantage d'irrégularités, mais il en existe d'autres, c'est probable ; car quoique ayant vu, ayant observé beaucoup, bien des faits répréhensibles me sont certainement inconnus. Je comprends donc que vous n'ayez pas copié les Allemands en toutes choses parce qu'ils ont été les plus forts. Il fallait leur laisser sans regret leurs casques à pointes et leurs lourdes bottes ; leurs instruments de musique en cuivre si ridiculement gros ; les moufles d'hiver suspendues devant eux avec des ficelles. Il fallait les laisser fumer en faction devant l'ennemi ; laisser à leurs officiers leur fanfaronne façon de traîner bruyamment le sabre sur les pavés rugueux des villes ; il fallait leur laisser tout cela et ce qu'ils peuvent avoir de pire encore, mais n'avoir aucune honte à imiter ce qu'ils ont de bien, de parfait : la discipline. Vos devanciers leur avaient, du reste, copié tout ce qui existe de bon dans la loi militaire actuelle.

Général révolté d'hier, invaincu puisque vous n'avez jamais combattu en chef, invincible pour toujours, par la bonne raison que vous ne combattrez jamais ; citoyen révolté aujourd'hui, populaire pour quelque temps, vous n'avez jamais songé à détruire la supériorité de l'armée allemande en en appropriant bien vite les causes à notre armée ; vous étiez bouleversateur à tort et à travers, aussi mauvais général que vous êtes mauvais citoyen, vous qui vous insurgez contre toute loi et toute autorité constitutionnelle.

Pour toute réforme sociale vous nous servez les

vieux mots usés, mais révolutionnaires de dissolution et revision[1].

Quant aux réformes militaires, votre bagage
est encore moins lourd, vous n'avez inventé ni
règlement nouveau, ni fusil, ni sabre, ni canon,
ni poudre.

La seule poudre que vous ayez trouvée, c'est la
poudre d'escampette de Clermont, et encore elle
ne nous sauvera pas au jour prochain de votre
débâcle.

---

1. Vous êtes soutenu par quelques écrivassiers qui donnent
aux républicains au pouvoir, sages, prévoyants, modérés, le
nom creux et absurde d'opportunistes; vous et vos souteneurs
c'est importunistes qu'il faut vous appeler.

UN GRAND MINISTRE

Un grand Ministre

Aucun ministre de la guerre n'a encore été sérieusement critiqué comme le soi-disant réformateur militaire et politique d'à présent.

Ce n'est pas, comme le disait un de ses plus subtils et habiles critiques, parce que son nom prête au sourire, parce que son nom sent le four, sent le pétrin ; c'est parce que c'est un incapable et de plus un vaniteux.

A chaque coup de tam-tam ou coup de pistolet que faisait entendre ce grand homme de guerre, pour attirer l'attention sur lui, le public sérieux répondait par un haussement d'épaules.

Au lieu de mesures pratiques, utiles, viriles, au lieu d'une innovation salutaire quelconque qui ranime l'armée qui en a tant besoin, cet empâté lui a servi un plat énorme de mauvaises, mais grosses brioches.

Je ne discuterai ici que quelques-unes de ces

dernières. Je laisse de côté le clou Lepinte; le sixième trou aux bretelles de sac; l'encre à marquer les effets; les bouchons de fusil, etc., etc. Voyons autre chose.

Qu'est-ce qui a pu dicter sa décision à supprimer les retraites? C'était la seule animation; la seule distraction quotidienne des petites villes de province. Peut-être a-t-il reçu la plainte d'une paisible famille bourgeoise de province, ses parents, que ce bruit militaire dérangeait?

Le côté distractif de ces retraites n'est que secondaire, mais le côté émouvant et patriotique n'en était certes pas absent.

Il y a deux ans, de passage à Cherbourg, sortant de dîner à l'hôtel, je vais entendre la retraite. Au moment où clairons et tambours de différentes armes s'ébranlaient, j'ai été vraiment ému de voir une énorme foule militaire, marins, fantassins, artilleurs, suivre derrière en masse compacte. Tous se tenaient par le bras, gaillardement, et ne se quittaient qu'arrivés à proximité de leur quartier. C'était un bel exemple de solidarité militaire; ça faisait plaisir à voir.

Et il supprime ce spectacle, lui, ce ministre!

Quel intérêt y voyait-il; quel intérêt y voit-on pour l'armée?

Puisque tout est mensonge en cet homme, paroles et actes, et que ce flagorneur des foules pense probablement sincèrement le mot qu'il a laissé échapper un jour en parlant du peuple : l'rpouille, dit-il ; il aura voulu éviter la promiscuité avec les citoyens. Que ne supprimait-il pas, alors, les musiques militaires dans les squares ou jardins, les retraites aux flambeaux de toutes les fêtes ou inaugurations de cercles, et les figurants militaires dans les pièces guerrières des théâtres?

Passons maintenant d'une suppression à une augmentation. Il a retardé d'une heure l'appel des sous-officiers; que feront-ils de cette heure?

Les trois quarts du temps ils ne sauront comment l'employer et voudront la dépenser quand même. C'est les pousser à la débauche que de leur accorder du temps superflu.

Il aurait bien mieux fait de laisser la même heure d'appel et de créer dans les casernes une salle du soir, de lecture et de correspondance, une bibliothèque militaire pour les officiers, sous-officiers et les hommes.

Je ne lui reproche pas les salles d'honneur dans les casernes ; mais il était plus urgent, pour certains régiments, d'y introduire l'honneur vrai, l'ordre et la discipline que de faire installer une salle de ce nom dans leur demeure. Quand on y sera arrivé, la caserne tout entière sera une grande salle d'honneur. Ce n'est pas par des mots ronflants inscrits en grosses lettres sur une porte qu'on introduit l'honneur dans les régiments, c'est par des faits : c'est en chassant une mollesse et une nonchalance déshonorante de tous ceux où cela existe.

Je ne suis pas hostile non plus au recrutement régional, mais, avant de le mettre en pratique, il fallait posséder la discipline pour ne pas craindre que des régions s'insurgent contre d'autres.

Il parlait de créer quarante régiments de chasseurs à pied et quelques autres de cavalerie ; ce n'est pas la quantité que je blâme ; elle ne sera pas encore suffisante ; c'est d'avoir songé au nombre avant d'avoir rien fait pour la qualité.

Je ne lui reproche pas précisément de présenter comme son œuvre une copie remaniée de la loi prussienne de recrutement ; il n'a pas de génie, il lui faut donc bien emprunter celui des autres ; mais il eût été plus urgent, plus indispensable de copier le point capital de toute leur œuvre : la discipline. En réalité, il a bien fait de ne pas essayer : il est incapable, lui personnellement, d'effectuer cette copie.

Puisqu'en arrivant au ministère ça n'a pas été son premier, son unique souci, c'est qu'il est incapable de comprendre la grandeur du modèle : il en rabaisserait les formes au niveau de sa conception mesquine. Il faut que celui qui la fera, cette fameuse copie, ne s'inspire que de l'ensemble et de la beauté de l'œuvre, qu'il soit assez fort pour en supprimer les plus minimes défauts et en achever les qualités dominantes.

Il est partisan, comme les Prussiens, du service de trois ans ; ses devanciers réduisaient à quatre vingt-cinq mille seulement, par des exemptions scandaleuses, un contingent annuel de trois cent mille jeunes gens : dans quelles proportions pensait-il le réduire, lui, qui accordait exemptions et dispenses à tort et à travers ?

Il voulait supprimer St-Cyr et les autres écoles militaires ; je veux bien ne pas le contredire d'une façon absolue, je lui dis seulement :

Vous ne voulez qu'un seul type d'école; en quoi serait-elle préférable, si elle n'était pas plus sévèrement tenue, plus disciplinée que nos pépinières d'officiers ?

Les chefs de l'armée prussienne font passer à leurs candidats officiers une série d'examens, de contre-examens, de stage au régiment, puis d'épreuves orales, puis d'épreuves pratiques de toutes sortes avant de les confirmer dans leur grade ; et cependant, il est d'usage absolu en cette armée, lorsqu'un capitaine, attendant son tour, voit nommer commandant avant lui, un égal en grade de promotion postérieure, qu'il donne sa démission.

Cette préférence des chefs est une constatation flagrante de l'infériorité du délaissé, et cet usage pour lui de démissionner, qui en est la conséquence, élimine de leur armée les officiers relativement médiocres pour les faire rentrer dans le civil.

C'est ce qui fait que les officiers allemands ont une distinction et une science militaire étonnantes; c'est ce qui fait que leur prestige vis-à-vis des hommes est tel que ces derniers les devinent, les sentent, pour ainsi dire, derrière eux, bien loin d'eux, à leur pas, à leur voix, au cliquetis de leur sabre, et restent immobiles, fixés, droits jusqu'à ce qu'ils soient hors de vue ou que le bruit qu'ils font ne leur soit plus perceptible. Boulanger avait le devoir de nous doter d'officiers qui possèdent semblable prestige; mais point n'est besoin, pour obtenir cette pléiade d'officiers de mérite, de supprimer les écoles actuelles. Qu'on n'y touche pas, si ce n'est pour y introduire la discipline de telle façon, qu'on ne voie plus jamais des Saint-Cyriens lacérer leur drapeau; des polytechniciens brise-assiettes, turbulents, ni les scandales récents, dont je ne veux pas rappeler les détails, de Saint-Maixent et de Fontainebleau. Avez-vous entendu citer des faits analogues dans une des neuf grandes écoles militaires ou de tir de l'armée allemande, de Spandau, de Postdam, de Metz, de Cassel, de Neisse ou de toute autre? Non, partout la même obéissance passive, la même soumission à la loi et aux règlements; même propreté morale et matérielle. Ça tient à une direction, à une discipline, à un esprit d'ordre parfaits, qualités indispensables aux hommes de guerre, théories précieuses que les élèves emportent à l'armée pour les y perfectionner

par la pratique, sous une surveillance continuelle,
en un milieu plus rigide encore, et où leur grade
ne leur est confirmé que s'ils le méritent. Vous ne
comprenez pas ce système, vous, le stage; vous
ne pensiez jamais à heurter de front les mauvaises
coutumes invétérées; vous craigniez l'impopula-
rité et, je le répète, peu vous importait d'introduire de mauvaises mesures de condescendance,
pourvu qu'elles vous fissent acclamer. Voilà où
vous vous êtes montré mauvais général et néfaste
ministre.

Tel jeune homme qui, bon sujet, a parfaitement surmonté les difficultés des études, pourra
ne pas être apte à commander à des hommes, et il
est bon que la pratique du commandement le
démontre bien digne de son grade. Mais il n'est
pas nécessaire pour cela d'unifier le type de l'école.
Le grand ministre, toutefois, voulait créer quand
même; il voulait attacher son nom à toutes sortes
de projets d'innovations délaissés au fond des
tiroirs par ses prédécesseurs et qu'il ramassait
pour faire siens; ou bien, ne visant jamais qu'à
l'effet, il acceptait tout ce qui se présentait à lui de
bric et de broc et qui n'avait aucune portée.

Ce n'est pas le tout de vouloir être réformateur, innovateur : il faut en avoir les aptitudes.

C'est comme si un joueur d'orgue de barbarie se mettait en tête d'égaler Verdi, Meyerbeer ou Gounod, ce génie, et de composer un chef-d'œuvre. Il aurait beau noircir de notes des monceaux de papier à musique, il ne produirait qu'une informe cacophonie.

C'est comme si, encore, un barbouilleur d'enseignes, présomptueux, jaloux des chefs-d'œuvre de Detaille, se croyait à même de les égaler. Il achète une toile de mêmes dimensions que celles du Maître, des tubes de couleurs fines et s'installe dans un atelier splendide. Il annonce partout, il fait publier dans toutes les feuilles la production prochaine de son beau travail, et des flagorneurs intéressés l'encouragent en riant sous cape. Enfin, la peinture est terminée, on l'exhibe, et, ce qu'on croyait devoir être un travail d'inspiration et d'originalité, n'est qu'une atroce copie du Maître, un barbouillage criard, une croûte.

Un spirituel journal parisien disait de ce gâcheur : « A force de tirer des balles dans la cible il finira bien par en mettre une dans le noir. » Non, il n'en aurait pas mis dans le noir, par la bonne raison qu'il n'a pas de cible, qu'il n'a pas de but. Il tire en l'air pour faire du bruit, pour attirer l'attention des naïfs. Il visait aussi la popularité par les passe-droits et faveurs qu'il accordait inconsidérément, avec sourires et poignées de main, ou si c'était une jolie femme et qu'elle y consentît, un baiser, quelquefois deux.

Un réformateur, un vrai militaire, devant la nonchalance, devant la maladie de langueur dont meurt l'armée, n'aurait eu qu'un but : la ranimer énergiquement par des mesures disciplinaires pratiques; que fait-il, lui, ce beau militaire, devant ces maux débilitants? Il autorise le port de la barbe.

L'idée qu'a eue cet ex-grand ministre de s'occuper de la barbe des soldats, est tellement secondaire, vu l'atrophie de l'armée, qu'elle en est piteusement ridicule. Faut-il qu'un homme ait peu d'aptitudes militaires pour, devenu chef de l'armée, pouvant accomplir de grandes choses, songer à la barbe des hommes avant d'avoir amélioré cette armée en quoi que ce soit?

Quant aux guérites tricolores, si c'est pour

rappeler au soldat les couleurs du drapeau, que ne faisait-il peindre de même les affûts et caissons des canons, les toits et les portes des casernes et les voitures régimentaires? Ce bariolage des guérites et toutes ces innovations de valeur analogue ont l'utilité... d'un cautère sur une jambe de bois.

Et un tel homme se proclame et veut se faire proclamer... indispensable militaire, qui voit dans de pareilles futilités un profit quelconque pour l'armée!

Que penserait-il lui-même d'un sculpteur qui s'amuserait à perdre son temps à enjoliver, fignoler un socle de buste avant d'avoir obtenu le principal, la ressemblance cherchée?

C'était un pauvre ministre; il s'était creusé la tête pour trouver, en 8 ou 10 mois, trois ou quatre cents bourdes avec lesquelles il prétendait réformer l'armée, et on le discutait! Le pauvre homme!... Il aurait plutôt dû faire pitié!

Si, au lieu des futilités sans conséquence dont il accablait l'armée plus ou moins bruyamment chaque jour, il s'était appliqué à obtenir des généraux qu'ils s'occupassent sans relâche du bien de l'armée et la missent au pas ; qu'ils la disciplinassent avec zèle, sérieusement ; son rôle eût été grand, beau : on eût, en lui, acclamé l'acteur consciencieux.

Il avait, de par son mandat, le pouvoir d'exiger l'irréprochabilité de ses subalternes ; il lui a manqué l'intelligence d'en voir l'impérieuse nécessité ou, s'il l'a vue, il lui a manqué le courage de la leur imposer.

Les Prussiens disaient dans leurs journaux :

« La France ne sera pas à craindre pour nous tant qu'elle n'aura que des ministres de la guerre de ce genre. »

Je crois bien ! Les Prussiens étaient, dans ce cas, certainement sincères ! C'est la France qui aurait dû avoir peur, peur des actes insensés d'un tel ministre.

Les Prussiens n'ont rien à redouter ; quant à présent, ils sont trop forts ; mais il pourrait venir un jour où nous n'aurions plus à les craindre.

Pour cela, le ministre de la guerre, intelligent et clairvoyant qui, dédaigneux de popularité, ne voudra qu'être utile, n'aura, je ne puis trop le redire, à prendre qu'une mesure : celle que le

prétentieux actuel, pour mériter son titre, aurait
dû comprendre et appliquer ; une seule mesure
immédiate, la bonne : discipliner l'armée.

Mais celui qui, vrai militaire, aura l'intelligence,
de discipliner l'armée, n'en restera pas là. S'il a
la discipline pour but, il l'aura aussi pour moyen ;
il l'aura pour moyen de mise en ordre de toutes
choses militaires ; pour moyen d'amélioration et
de perfectionnement continuel de ses troupes ;
pour moyen de préparation sérieuse, de préparation en grand des ruses ou surprises de guerre
qu'il réserve à son ennemi. En ce vrai ministre
nous pourrons avoir confiance ; il ne coudra pas
ces ruses ou surprises de guerre avec du fil
blanc.

Si notre soi-disant ex-grand ministre avait eu la
force et le courage d'accomplir la première seulement des mesures que je viens de formuler, on lui
en eût été reconnaissant, on lui eût certainement
passé toutes ses turpitudes, toutes ses innovations
piteuses. Il eût même pu, puisque, par lui, la discipline, progrès réel, eût régné grande et belle à l'armée, compléter à son aise la série de toquades dont
il se disposait à nous gratifier. Mais aucun grand

acte, aucune invention, à lui personnelle, ne rachète
ses billevesées.

Oh ! il est probable que nous ne sommes pas
au bout du grotesque rouleau ; grotesque à présent, fatal plus tard. Nous ne le reverrons plus au
pouvoir ; ce serait à renier la France ; mais qui sait
si sa popularité acquise par des futilité tapageuses
n'inspirera pas à quelque ministre de l'avenir, si
nous perdons le sage Freycinet, une inavouable
ambition de vivats ?

Qui sait si, voyant la facile façon dont, de tous
côtés, il a récolté louanges et bravos des naïfs, ils
n'en voudront pas autant, eux aussi ; et s'ils ne
continueront pas l'ère nouvelle qu'il leur aura
ouverte. Leur but, à ces dignes émules, sera peut-
être de se mettre au diapason du grand ministre,
du grand choyé de la claque.

Il n'aura fait que de petites choses pour être
proclamé grand militaire ; ses successeurs pourraient aussi suivre cette tradition qui mène à
la gloire du champ... de courses de Longchamps.
Ils toucheront à tout sans redouter le ridicule ;
il n'y a que cela pour être grand ministre. Il voudront achever son œuvre, à peu de frais... pour eux.

Ils se diront que, comme il a oublié bien des choses, de même urgence que celles accomplies déjà, il est glorieux pour eux de les entreprendre.

Il modifieron triomphalement la hauteur des talons et le nombre des clous de souliers.

Ils feront des comparaisons judicieuses sur la longueur et la largeur des pantalons : sur la couleur de leurs bretelles et la profondeur de leurs poches.

Ils s'occuperont de la grosseur des pompons, du diamètre des cocardes, de la hauteur des cols de tuniques, de l'alliage des boutons de métal, du bleu de teinture des cravates, de la toile des chemises, du nombre de leurs boutons et de la longueur de leurs pans

Pourquoi s'arrêteraient-ils en si beau chemin ? Ils persévéreront ! Il étudieront l'opportunité des mouchoirs et des chaussettes, et qui sait ? peut-être de la dimension et de la couleur du drapeau.

Enfin, ils changeront la couleur de peinture des escaliers de casernes, la largeur des lits, la contenance des gamelles, le nombre des dents de fourchettes, la forme des pains, la forme des biscuits, le bois des manches à balais, l'étoffe des chiffons à graisser les armes. la façon de rouler… les capotes, la capacité des cruches des casernes, etc., etc.

Après de tels efforts d'imagination, l'armée sera peut-être enfin en bonne voie et ces beaux militaires iront caracoler sur de beaux chevaux à Longchamps pour récolter les bravos de la foule.

Ils viendraient à ces mesures comme complément des premières. des siennes.

Certaines grandes vertus ou certains grands vices entrainent avec eux ou d'autres qualités ou d'autres défauts.

L'ordre. la force et la tenue sont les compléments de la discipline ; le désordre. la faiblesse et le laisser-aller sont ceux inévitables de l'indiscipline.

Mais ses suivants, ses émules, ses pareils n'auront pas plus le droit de se dire grands ministres après l'achèvement des grandes choses précitées. leçons pratiques de son école, qu'il n'en a le droit. lui. maintenant même que la première fournée est achevée.

Non, en bonne conscience. on ne peut pas se dire grand militaire, grand ministre quand on n'a pour tout bagage qu'un paquet de réformes de cette force-là.

Il faut bien commencer par quelque chose, disent ses partisans ; il en a. Quand une armée demande à être renforcée sans délai, on ne perd pas son temps à changer pour changer, sans autre résultat, que de fabuleuses dépenses ; et on n'a moralement le droit de s'occuper des détails infimes d'une organisation que quand le plus urgent, le principal de l'œuvre est accompli !

Sinon, loin d'être un homme sérieux, on n'est qu'un brise-tout, un génie malfaisant, un toqué.

J'entendais dire dernièrement de ce pseudo-grand militaire : « C'est un artiste dans son genre... » Mauvais genre, alors ! Drôle d'artiste que celui qui accumule une surcharge de détails sur le cadre de son tableau avant même d'avoir commencé le dessin de son œuvre ! Il laisse ses admirateurs, de bons patriotes, mais qui n'ont pas lu la fable du chameau et des bâtons flottants, s'écrier en chœur : « Niaklui ! Niaklui ! Quel génie ! Quel dentiste ! »

Drôle de génie ! drôle de dentiste que cet arracheur de dents, bouffi d'orgueil, prétentieux, qui arracherait plutôt toutes les dents saines du patient à tort et à travers, pour le plaisir d'arracher, et de faire crier bravo, plutôt que de guérir, de plomber la vraie, la seule grosse molaire malade, cariée.

Il se croyait grand ministre, parce qu'il était dans une situation inespérée qui lui donnait pouvoir de tout faire... et il a choisi l'insignifiant. Il est vrai qu'il ne discernait pas le bien : il a été heureux de pouvoir bouleverser à plaisir et il l'a fait. Il rappelle ce général de la Commune qui, dans les salons du ministère de la guerre, cassait les glaces à coups de revolver pour bien se convaincre de sa puissance. Je donne ce fait sous toutes réserves ; mais ce que j'affirme, c'est que notre homme de guerre actuel, lui, le seul, le vrai, le grand, le beau, le fort, le général Boulanger, s'il faut l'appeler par son nom, attirait l'armée sur son tréteau et l'offrait en risée à l'Allemagne, souriante de dédain.

Ce détraqué ne parlait-il pas, dernièrement, d'entourer, à grands coups de millions, les canons de tous nos forts de coupoles de fer ou d'acier ? Il donnait pour raison la nécessité d'empêcher les projectiles des grosses pièces de creuser, par leur éclat formidable dans la terre, des entonnoirs qui atteignent les voûtes des casemates-abris et des poudrières.

Nos forts sont bien, tels qu'ils sont, monsieur le grand ministre ! Qu'on augmente l'épaisseur des couches de terre, et pas autre chose matérielle.

Le plus sûr moyen de les blinder est d'avoir une armée assez ferme pour empêcher les Allemands de les investir et que, en fissent-ils le siège, nos troupes soient assez fermes pour tenir bon sous leur feu, et, la nuit, réparer les brèches et combler les entonnoirs.

Rappelez-vous bien ceci, monsieur le beau ministre : Si des troupes, animées du même esprit de mollesse qui vous est si indifférent garnissent des forts bombardés, ces forts fussent-ils blindés, archiblindés de plaques d'acier d'un mètre d'épaisseur, ces forts seront pris quand même, non pas de la faute de leurs défenseurs mais de votre faute, mauvais général, qui n'aurez pas su leur donner une impulsion vigoureuse d'obéissance ponctuelle et de fermeté, d'une fermeté qui vous est incompréhensible à vous, propagateur ou du moins augmentateur d'une mollesse mortelle à l'armée.

L'esprit de l'armée, incapable que vous êtes, a-t-il été modifié pendant que vous étiez à sa tête?

Ne sont-ce pas les mêmes hommes qui, lors de la guerre de 70, avant leur départ des casernes, jetaient tout par les fenêtres, qui, au camp de Châlons, jouaient aux boules avec les pains de munitions? Ce sont, non pas les mêmes hommes si vous voulez, mais les mêmes troupes puisque le même esprit les anime, et, lorsqu'on les voit aussi indisciplinées, aussi peu tenues, par des chefs aussi insouciants qu'autrefois, on se souvient de Belfort et des mobiles qui se laissaient assommer de coups de bâton plutôt que de se jeter sur l'ennemi ou d'aller éteindre les incendies des forts allumés par ses projectiles; on se souvient, du plateau d'Avron, de Châtillon, du Mans, des paniques de Champigny, et on redoute le retour de faits analogues de la part de troupes dont les chefs n'ont pas l'amour-propre de les vouloir belles, qui les laissent se mouvoir avec un désordre affreux et qui, non pas même lors d'une guerre, mais d'une petite guerre, tolèrent, grâce à votre coupable condescendance, l'orgie, le désordre, le tumulte, le gâchis, la destruction et le gaspillage dans les chambrées la veille du départ des réservistes. Vous n'aviez pas seulement l'amour-propre de tenir à ce que les régiments marchent en ordre et au pas !

Les troupes que vous nous confectionniez ne tiendraient pas sous le feu longtemps; non pas que je les suppose moins braves que d'autres, mais mal tenues elles ne pourraient être fermes. Ce n'est pas non plus que je croie à leur extermination par les obus prussiens de 75 kilos.

Non! Ce n'est pas cela qui ferait prendre nos forts. Ce qui les rendrait prenables, c'est l'indiscipline, horrible plaie qui affaiblit l'armée, et que vous avez tolérée, augmentée, dans ses rangs.

Et, ce que je dis pour le blindage des forts, je le dis pour le fusil. Le fusil Gras était bon ; vous avez voulu 400 millions pour en faire fabriquer un autre...... Insensé! que ne laissiez-vous aux hommes leur fusil, et ne les discipliniez d'abord? C'était la seule innovation qui s'imposait, et vous auriez lancé 1000 décrets de plus avant d'y songer.

Non, ce n'est pas vous qui guéririez nos troupes de leur repoussante plaie !

Vous vous croyiez grand guérisseur d'armée et

vous la retourniez votre armée, la nôtre, dois-je dire, sur toutes faces, sans apporter la moindre attention à cette hideuse et visible plaie !

Patriotes! ne regrettez pas cet homme surfait qui n'était qu'un turbulent bateleur.

Il a dérangé tout, il a tapé sur tout avec son battant de grosse caisse, et la plaie gangrénée qui pouvait guérir encore s'est étendue, de sa faute, horrible, hideuse à nos yeux, et est devenue à peu près incurable.

Mais lui ne la voyait pas, cette plaie visible, ce faux guérisseur, ce rebouteur, cet empirique, ce charlatan !

Quelques républicains, patriotes crédules, se sont accrochés à lui ; qu'on leur pardonne! Ils ont vu en cet homme un général hors ligne persécuté, dont la France est privée. Comme ils se trompent, les malheureux! S'il était bon général, est-ce que le gouvernement de la République, si dignement représenté, est-ce que le conseil d'enquête, composé de nos meilleurs généraux, l'aurait exécuté? Non.

Cet acte d'énergie donne au contraire du courage aux désespérés.

Et, pour ma part, je considère comme un crime d'acclamer ce réprouvé.

Loin d'être un malheur, sa chute est un soulagement pour la France. C'était un mauvais militaire, je le démontre clairement ci-dessus. Il a failli à la discipline ; il en porte la peine. Laissons-le se ronger les poings de rage, et ne nous faisons pas ses complices contre le gouvernement de la République qui mérite notre confiance et que notre devoir est de défendre contre toute attaque.

Après avoir été militaire néfaste, c'est un homme dangereux par sa fourberie incroyable ; c'est un conspirateur contre la République, et il tentera très probablement un coup violent contre elle. En tout cas, il finira misérablement : c'est certain.

Dans peu de temps, on ne se souviendra que des mensonges de cet homme aussi effronté qu'incapable, si ce n'est de mentir grossièrement. Il ne lui restera pour suivants que deux ou trois pelés, un tondu et un grotesque, qui s'esquiveront même en fin de compte, honteusement, car s'ils ont voulu partager ses ovations, partager la France avec lui, ils voudront éviter les pommes cuites et les coups de pied dans le derrière, qui l'attendent en plus grand nombre encore qu'il n'aura eu de bravos.

Tenez, pauvre fourvoyé, j'ai pitié de vous, je vais vous parler sans haine et vous donner un bon conseil.

Vous vouliez, m'avez-vous dit, surexciter la confiance en vous. Pourquoi faire? La confiance en un chef n'est utile qu'aussitôt une guerre commencée, et cette confiance ne manquera pas au généralissime, s'appelât-il Saussier, Février ou autre, parce que la République, en qui nous avons foi, nous, mettra l'épée de la France dans la main du plus digne.

Si, comme certains le croient, vous êtes un peu patriote, ce dont je doute, moi, car le tapage que vous faites sur votre nom est nuisible à la France, et vous ne l'ignorez pas, guérissez votre blessure et tenez-vous tranquille à l'avenir.

Profitez de la leçon que vient de vous donner l'adroit Floquet. Quand on s'est fait river son clou de cette façon-là, on n'est pas un irrésistible matador; on n'a plus le droit de croire le peuple si bête et encore moins droit d'attaquer la constitution républicaine ni de défier par des arrogances et des insultes la France et ses représentants légaux : on n'a plus le droit de casser les oreilles du public avec un tas d'inepties tapageuses : vous deviendrez un insupportable farceur, on vous plaindrait peu, le jour où vous vous seriez fait embrocher comme un poulet par le premier pékin venu.

Si vous êtes réellement un patriote, prouvez-le en vous tenant enfin tranquille et ne cherchez pas, par ambition du pouvoir et par vengeance envers le ministère de votre radiation bien méritée de l'armée, à entraîner une partie de la France à votre remorque, à l'intéresser à votre affaire, à l'attacher à votre sort peu intéressant, à votre détestable rébellion.

Vous êtes mort comme militaire, vous ne ressusciterez pas dans la peau d'un tribun, vous êtes trop maladroit. Vous n'avez ni fond, ni habileté, ni réflexion, vous ne savez que défier et insulter. En vous mettant à dos le gouvernement et la représentation nationale, vous n'avez pas été fort ; vous n'êtes plus rien et vous n'avez plus qu'un droit : vous taire et vous faire pardonner.

Je suis convaincu que le gouvernement vous fera empoigner carrément si vous vous mettez en travers de la loi; continuez et ce sera bien fait.

Vous avez, étant militaire, touché à la politique : ça donne la mesure de votre maladresse; ça ne pouvait que vous tuer et, en effet, je vous le redis, vous en êtes mort, comme militaire.

Il n'y a qu'une circonstance qui peut vous remettre en scène; c'est une guerre. Que Dieu nous en préserve, hélas ! Mais, si lors d'une grande guerre vous n'êtes pas tout à fait coulé; si quelques braillards fidèles se souviennent encore de vous, vous pourrez rassembler quelques centaines de déterminés en corps franc et rendre quelques services en essayant en petit ce que Garibaldi avait fait en grand. Vous pourrez là, si vous avez acquis le sang-froid, le calme, la réflexion qui vous manquent; si vous avez étudié la langue allemande et l'armée prussienne, faire quelques prouesses qui pourront quelque peu racheter tout le mal que vous avez essayé de faire à la France.

VIVE LA PAIX !

Vive la Paix!

Ce n'est pas nous, républicains, qui, pour un motif futile, arracherons la branche d'olivier, ce symbole de paix, qui orne la main droite de la grande République.

Mais nous pouvons, nous devons vouloir modifier, perfectionner ses armes défensives et offensives, sans renier pour cela nos sentiments pacifiques.

Changeons le bonnet de laine de la République contre un solide casque d'airain ; protégeons sa belle poitrine d'une épaisse cuirasse d'acier et, avant de lui laisser mettre avec confiance la main sur le pommeau de son lourd glaive de justice au repos au fourreau, affilons-en la pointe et aiguisons-en les deux tranchants.

Nous préférons, certes, une autre apothéose que la victoire guerrière, nous républicains, qui avons pour religion la paix, le progrès, le bonheur des peuples ; nous, dont la grande patrie humanitaire ne s'arrête pas aux limites restreintes de frontières imposées, mais embrasse la terre entière : nous qui croyons à l'avènement ici-bas d'une ère de justice, d'égalité et de concorde, œuvre du temps, œuvre de Dieu : nous préférerions, disons-le fièrement, le désarmement universel.

Mais, hélas ! que de luttes, que de controverses, que de déchirements à prévoir d'ici-là !

Que de sang menace de couler encore avant la réalisation de ces beaux rêves !

Il y a tant de gens encore qui, en plein milieu européen civilisé, osent affirmer que la guerre est une nécessité impérieuse de l'humanité, de l'humanité pléthorique, disent-ils ! et parmi ces gens se trouvent des hommes paisibles qui ne feraient de mal à personne, des savants, des poètes réputés philosophes, grands esprits, des hommes de loi, des hommes animés même de foi religieuse et aussi, quelquefois, ô perversion morale ! des êtres que la nature a doués de douceur et de bonté : des femmes.

Tant que ce néfaste esprit guerrier du passé existera dans les familles humaines les plus avancées en civilisation ; tant que le despotisme, la force brutale et la force militaire qui nous environnent, ne seront pas unanimement bannies, les différents groupes d'hommes, les nations auront des visées aux prépondérances nationales violentes, suscitées par des ambitieux. Pour déjouer ces visées violentes il est nécessaire que nous restions l'arme au bras. Tant que la force pourra impunément songer à primer le droit, il faudra, que le droit, force morale, soit matériellement fortifié.

Ayons donc, quoique républicains, quoique militants pacifiques du droit, du devoir et du progrès, une armée formidable, exemplaire par sa tenue, son organisation, sa discipline ; une armée la plus belle du monde, épée du progrès, invincible, sous le souffle divin de la liberté, de l'égalité et de la fraternité.

Il est probable que Bismarck n'a traité de la paix avec la République que parce qu'il a cru, en la reconnaissant comme gouvernement de la France (lui qui pouvait dire : Je ne veux traiter qu'avec un souverain), que cette République, dont il est en quelque sorte le fondateur par le seul fait du traité de paix avec elle, serait une gêne pour nous. Il a cru attacher avec ce gouvernement une plaie gangrenée, mortelle, au flanc de la France.

Il a certainement cru que la France, avec la République, ne se relèverait jamais.

Il a cru, en 71, à la guerre civile à Paris, en ne désarmant pas la garde nationale, en ne désarmant que l'armée après le siège ; en cela il a parfaitement réussi. Il a cru encore, ce profond politique, que la République empêcherait la discipline à l'armée ; en cela il s'est trompé. Ce n'est pas la République qui empêche la discipline à l'armée, c'est l'incapacité de quelques chefs prépondérants de cette armée et de Boulanger en particulier. S'ils avaient bien compris, ces chefs, ce que l'on peut obtenir de beau avec la discipline, quelle magnifique armée nous pourrions avoir !

Nous ne voulons pas être agressifs ni provocateurs, mais, je le redis, soyons à même d'affirmer nos droits au besoin par la force.

Il nous faut une armée irréprochable, pour que l'esprit de l'avenir qui germe en notre France et qui doit s'étendre un jour sur le monde, ne puisse être arrêté dans son essor glorieux, ne puisse être brutalement étouffé, même momentanément, sous la botte d'un despote tyrannique.

Il nous la faut de suite, absolument, cette armée irréprochable ; il nous la faut disciplinée, superbe, immense pour que cet esprit de l'avenir, si long-temps refoulé, sorte bien acquis, bien consolidé, de la grande guerre redoutée, sorte de la crise vain-queur et puissant pour toujours, grâce à notre mérite, grâce à notre vaillance.

J'aime, j'en conviens, l'humanité terrestre ; dénigrer une nation, c'est mépriser la nature, c'est mépriser Dieu dans une partie de son œuvre.

Mais je ne suis pas tellement cosmopolite que je ne préfère, parmi les agglomérations humaines distinctes, un de leurs plus beaux séjours, surtout si ce séjour est, comme dit Hugo : « le tombeau de mes aïeux et le nid de mes amours ».

J'ai habité l'Angleterre et l'Allemagne et j'y ai été heureux, mais je suis toujours revenu en notre belle et florissante France avec un nouveau et indicible bonheur.

« O France ! comme dit encore Hugo, je vou-drais n'être pas Français, pour pouvoir te choisir pour patrie ! »

« O France! ajouterai-je, je voudrais te voir invinciblement armée et prête au plus éclatant triomphe! »

Mais pourquoi, en plein XIXᵉ siècle, être obligé de parler encore de batailles? Pourquoi être obligé de parler encore de vaincre à main armée, sans qu'une immense clameur d'indignation étouffe la voix belliqueuse?

Pourquoi l'humanité, qui s'est tant déchirée pendant une longue succession de siècles barbares, n'aspire-t-elle pas plus ouvertement, plus unanimement, au calme et au repos? Les tueries entre humains n'entrent cependant pas dans les conceptions divines!

Pourquoi la guerre n'est-elle pas encore devenue l'apanage honteux du passé? Pourquoi n'est-elle pas encore condamnée avec les autres horreurs de ce passé, condamnée comme les combats de gladiateurs, comme les tortures de l'Inquisition, comme les guerres et persécutions religieuses et comme les guerres féodales? Les temps sont loin en arrière où des tribus pauvres, avides de pillage, se jetaient sur des agglomérations plus fortunées. Toutes les lois humaines punissent les crime

isolés ; et la guerre, ce grand crime social, est
acceptée sans révolte par une humanité qui a
cependant assez à lutter, hélas! contre les calamités inévitables, les épidémies, les inondations,
les accidents naturels de toutes sortes!

Chacun cependant, aujourd'hui, c'est indiscutable, n'aspire plus qu'à rester tranquillement
chez soi et à y vivre en paix de son revenu ou de
son travail ; on ne prend les armes que contraint,
forcé ; si on désire courir le monde, ce n'est pas
par amour de la gloire, ni pour le désir de tuer
ses semblables ; c'est pour chercher fortune.

Pourquoi cette humanité actuelle, issue d'une
même origine, de même forme, d'un même sang,
sujette aux mêmes douleurs, animée des mêmes
besoins, des mêmes instincts, et marchant au même
but ; cette humanité, fruit des hésitations de la
nature livrée à elle-même pendant des millions de
siècles ; cette humanité dont tous les membres sont
solidaires, sont frères ; dont le progrès indéniable,
esprit de Dieu, se dessine peu à peu ; cette humanité qui, à chaque nouveau siècle, répudie les
erreurs du siècle précédent ; cette humanité
actuelle qui profite tout entière des belles décou-

vertes des savants qui l'honorent ; qui donne, en attendant mieux, asile au vagabond, à manger à l'affamé, un lit au malade ou au souffrant, un lieu de retraite aux vieillards, et qui, ô charité féminine touchante! donne non seulement des soins empressés à l'enfance, mais encore, pour distraire les douleurs des pauvres petits malades alités dans les hôpitaux, leur distribue..... des joujoux ; cette humanité, qui a pour moteur du bien tant de sublimes découvertes, n'a-t-elle pas encore exprimé hautement et unanimement une sainte horreur de la guerre?

Pourquoi les peuples avancés en civilisation ne propagent-ils pas, n'imposent-ils pas cette universelle horreur? Pourquoi ne portent-ils pas à leurs frères des contrées lointaines leurs lumières de concorde et de paix?

Tout cela, c'est parce qu'une partie du genre humain, une minorité coupable, féroce, dirigée par des ambitieux, aspire à asservir l'autre pour la satisfaction de ses appétits et de son orgueil.

Eh bien! puisque certains tyranneaux en expectative ou des potentats de pseudo-droit divin qui disposent des peuples ne voient de gloire que dans le massacre et la tuerie en grand ; puisque, puissants par leur autorité et leur prestige, ils ne proposent pas de désarmer et n'en donnent pas l'exemple ; puisqu'ils aiment à faire parader d'un geste des masses profondes d'esclaves ; puisque par eux, qui pourraient avoir une si glorieuse initiative, cette iniquité atroce : les armées permanentes, est maintenue quand même ; puisque les peuples supérieurs, guidés par leurs dirigeants acclamés, ratifient encore cette iniquité à qui mieux mieux, faisans comme eux, mieux qu'eux, non pas à cause de leurs peuples, nos frères, mais à cause d'eux, leurs maîtres incontestés.

Il faut que la République ait une armée tellement formidable, tellement terrible, qu'elle puisse à un moment donné, de concert, s'il se peut, avec certains grands peuples, amis généreux, attirés à nous, peser du poids de ses armes dans la balance de justice et imposer le désarmement.

Les peuples pourront, dès lors, vivre heureux sans crainte de cataclysmes autres que ceux naturels, sans crainte d'hécatombes humaines voulues, insensées.

Les peuples formeront autant de familles distinctes, une confédération pacifique dont les différends seront tranchés par un tribunal international composé d'hommes intègres et capables, amoureux de la justice et de la paix.

La paix, quel idéal sublime !

La paix, c'est la terre produisant tranquillement ses fleurs et ses fruits ; c'est le bonheur de ses habitants.

Dans tous les grands centres, où elle règne, cette paix bénie, les négociants reçoivent des commandes, gagnent de l'argent, font des dépenses, donnent du travail.

L'argent circule, se déverse en multiples canaux, en entreprises colossales. Les arts sont florissants.

Toutes les usines sont en mouvement ; leurs hautes cheminées lancent des tourbillons de fumée. L'écho des faubourgs répète le bruit des milliers de marteaux des petits métiers manuels.

Les rabots et les scies bruissent. Les burins mordent et ciselent le métal.

Des monuments et des habitations splendides se construisent ; de nombreux groupes de travailleurs y prennent part. Les prolétaires heureux et gais travaillent en chantant et prennent ensemble en riant leurs repas quotidiens.

Dans les champs au printemps les laboureurs voient avec joie grandir le blé et bourgeonner les arbres.

Pendant les beaux jours ils travaillent davantage, mais ils s'arrêtent par moments, pour faire leur frugal goûter et dorment à l'ombre, sans soucis, sur la terre tiédie.

Le dimanche après les divins offices, tous, gais, prennent leurs plaisirs, et les auberges se remplissent d'éclats de rire joyeux.

Nos beaux fleuves sont bordés de patients pêcheurs et sillonnés de lourds bateaux mus à toute vitesse par une force invisible. D'énormes chalands descendent lentement le courant avec des charges énormes et des barques légères, dirigées avec ensemble et vigueur par des bras musclés, glissent et se croisent sur l'eau limpide.

Et les vertes prairies, autour et au loin des demeures, sont jonchées de bouquets odorants multicolores, de groupes amoureux et de grappes humaines joyeuses et folâtres.

Le dimanche, dans les villes, la prospérité, le

bien-être se lisent sur les figures satisfaites des promeneurs. Les réunions amicales respirent une franche gaieté. Les tables paternelles sont entourées, aux repas de famille, de visages riants et heureux ; l'air retentit des cris et des rires des petits enfants. Des carrosses brillants s'entre-croisent sur les grandes voies.

Le lundi, l'activité reprend pour la semaine : le travail règne. Le savant coopère au progrès par la pensée ; l'ouvrier y coopère de ses bras ; la ruche humaine fonctionne.

Les vaisseaux, lestés de ballots pesants, naviguent sur les vastes mers et vont échanger sur d'autres continents les produits de leurs nations.

Les longs rails d'acier sont sourdement ébranlés par de lourds trains cosmopolites, rapides, qui franchissent, avec marchandises, marchands et promeneurs, les frontières à toute vitesse. La pensée humaine transportée par des fils merveilleux franchit les frontières plus vite encore, comme l'éclair.

L'été, dès l'aube, les faux tranchantes, maniées par de vigoureux bras, décrivent leurs grandes courbes dans l'herbe haute et embaumée des prés mouillés de rosée; les faucilles grincent dans les blés murs.

Les chariots craquent sous le poids des lourdes gerbes; les fléaux ou les machines font entendre leurs battements cadencés dans les granges. Les greniers regorgent; les céréales sont gerbées en énormes meules dans les champs et les prés tondus.

Puis, l'automne arrive, et la terre féconde se laisse dépouiller de tous ses fruits succulents, de tous ses biens attendus.

Les vendanges, égayées par des danses champêtres et des feux de joie, terminent la récolte annuelle.

Tout marche: industrie, commerce, affaires, travail, agriculture; c'est la vie, c'est la paix, c'est le bonheur.

L'argent s'amoncelle dans les coffres; les mariages se célèbrent; des vies nouvelles, accueillies avec joie, s'écouleront paisiblement dans le travail; l'homme heureux vivra son temps et rendra gloire et louanges au créateur tout-puissant.

Tout à coup, une rumeur affreuse se répand dans plusieurs grands peuples; les visages se consternent; l'argent se cache; l'horizon s'assombrit, le vent de la mort a soufflé. Les passions des foules se déchaînent. Les partis politiques aiguisent leurs armes dans l'ombre; l'anarchie lève sa tête hideuse.

Le calme, la prospérité, le bonheur s'évanouissent. Les pères, mères, enfants, vieillards tremblent et crient avec douleur : « Malheur! malheur à nous, la guerre est déclarée! » Partout c'est la désolation, la terreur, la ruine, la misère qui vont s'abattre sur les peuples que des dirigeants croient utiles de faire massacrer..... Seule, la grande faucheuse prépare sa faux atroce en ricanant dans l'ombre.....

O terre, des millions de siècles de chaleur ont fait naître et progresser sur toi la vie d'abord, puis l'intelligence, et produit l'humanité; et, quelques familles florissantes de cette humanité, si péniblement arrivée au progrès, vont concentrer toute leur science, tout leur génie peut-être, sur la destruction d'autres familles humaines; vont, grisées par des omnipotents néfastes, se complaire à se dépeupler rageusement, férocement ; vont s'acharner les unes sur les autres pour détruire réciproquement en elles le bonheur et la vie !

Vraiment, une nuée de monstres apocalyptiques ou une légion d'êtres fabuleux, inhumains, horribles, gloutons de notre chair humaine, habitants d'une planète voisine, dévastateurs impitoyables tombés en avalanche sur la terre, ne provoqueraient pas parmi nous, contre eux, une plus intense ardeur d'extermination implacable.

Et des hommes éminents subissent, parfois avec durée, un entraînement irréfléchi qui leur fait parler de la guerre, de ses horreurs, de ses crimes, comme s'ils parlaient d'une chose toute naturelle et qui leur fait acclamer ses promoteurs.

Quand donc l'humanité sera-t-elle guérie de cette folie intermittente : la guerre?

Oui, la guerre n'est qu'une horrible folie épileptique, périodique et contagieuse du genre humain. La guerre abrutit, grise l'homme et le rend bête féroce ; l'homme dont les mauvaises passions ont été déchaînées par de fausses doctrines, par des tyrans : l'homme qui, bon au fond, devient brutal, sanguinaire, aussi bien pour les faibles, femmes, enfants, vieillards, que pour les forts.

La guerre, duel infâme, fait tomber par milliers des existences inoffensives, précieuses pour le travail, le progrès, les sciences et les arts ; des existences, fruit de vingt années de soins matériels et moraux assidus.

O monstrueux fléau, tu précipites sauvagement, follement les uns sur les autres deux grands groupes d'hommes dont les besoins et les aspirations sont les mêmes, des hommes qui, lorsqu'ils sont noyés dans le laborieux tumulte d'une grande ville, s'élancent, sans calculer le danger, sans s'occuper s'ils parlent le même langage, au secours l'un de l'autre en péril quelconque.

Mais, quoi faire? Quoi dire? La guerre est considérée en haut lieu, par ceux qui y ont intérêt, comme une des phases, pour ainsi dire, des nations humaines. On s'est toujours battu ; on se battra toujours, disent-ils.

Non, on ne se battra pas toujours ; il suffira que deux des plus puissants peuples de la terre donnent l'exemple d'une entente amiable et mettent toute leur gloire à éviter la guerre, plutôt qu'à conquérir de sanglants lauriers, pour que cet exemple soit suivi, d'abord dans les parties de la terre les plus avancées en civilisation, ensuite dans les autres, grâce à la sage vigilance des deux peuples initiateurs.

Il faut cependant bien que l'un des deux grands peuples, hostiles en apparence, soit assez sage pour donner à l'autre un grand exemple de progrès humanitaire.

Prenons comme antagonistes la France et l'Allemagne. Cette dernière nous a vaincus et amoindris il y a quinze ans, nous a écrasés. Nous voulons maintenant qu'elle le soit à son tour.

L'Allemagne est, quant à présent, plus forte que nous matériellement ; ça ne fait rien, les chauvins en doutent et prennent leurs désirs pour la réalité.

Mais croyons un instant à notre victoire ; supposons l'Allemagne écrasée à son tour. L'Allemagne si forte resterait donc sur sa défaite? Non ! elle préparera aussi, et plus formidablement encore, une nouvelle victoire.

Jusqu'à quand cela durerait-il? Jamais il n'y aurait de paix certaine, alors. Il faut dès maintenant essayer de ravoir l'Alsace sans guerre, moyennant une compensation quelconque ou une alliance sérieuse avec l'empire d'Allemagne. Topographiquement parlant, la véritable alliée de l'Allemagne n'est ni la Russie ni l'Autriche ; ce devrait être la France. Ensuite, qu'on fasse entrer l'Alsace-Lorraine dans le traité d'alliance comme province française ou allemande ou comme état autonome, selon les désirs de ses habitants exprimés en toute liberté en un plébiscite et la confédération prendrait le nom d'États-Unis du centre de l'Europe. On pouvait espérer, avec Frédéric III, dont les idées étaient généreuses, humanitaires et pacifiques, arriver à ce résultat magnifique que béniraient deux grands peuples ; peut-on nourrir le même espoir avec le nouvel empereur ?

Je l'ai déjà dit, nous ne pourrons demander cela à l'Allemagne que quand nous serons formidablement plus forts qu'elle, en armement ; que quand elle pourra sérieusement redouter l'éventualité d'une guerre avec nous, car sa résistance inébranlable à toute rétrocession ne réside que dans sa confiance en la force inouïe de son armée.

Mais, allez donc dire ça à nos batailleurs acharnés et à leurs meneurs !

On y arrivera cependant; il n'y a que cela de pratique, de vrai, de beau. Il nous faut pour cela une armée formidable; sinon l'Allemagne ne voudra pas traiter. Se sachant militairement plus forte que la France elle penserait que c'est par crainte d'une nouvelle guerre que nous lui faisons des propositions de paix.

Il y a des gens qui trouvent superbe quand, pour des controverses qui se résoudraient parfaitement par arbitrage ou par diplomatie, la jeunesse de deux grands peuples se fait face de force, et feu! feu! feu! feu! partout.

Mousqueterie, mitraille, bombes, obus, toute cette trombe affreuse s'abat avec fracas sur toutes ces belles et jeunes têtes. Les cervelles se répandent éparses par des brisures horribles et sanglantes. Des membres hachés, saignant de toutes leurs veines, ne tiennent plus aux corps que par des lambeaux. Des ventres brusquement ouverts par les éclats rugueux et coupants de la fonte laissent échapper, avec des bouillons de sang, leurs entrailles fumantes arrachées. Les balles sortent dégouttantes de sang des poitrines, des cœurs traversés....

Les baïonnettes se rougissent jusqu'aux poignées; des yeux humains encore chauds, crevés, horribles, glissent parfois le long de leurs lames. Les mains sanglantes se collent aux canons de fusils obstrués par des caillots rougeâtres.

Le sang humain, le sang des chevaux jaillit de milliers de blessures hideuses et éclabousse les mains, la figure, les vêtements de tous ces démons de tuerie enivrés d'un monstrueux carnage.

Les chevaux, les hommes piétinent dans le cloaque horrible, dans la boue sanglante; et une fumée de sang tiède monte en holocauste à la mort triomphante.

Partout des plaintes de mourants blêmes, crispés, râlant, se tordant dans le sang; partout des gémissements de souffrants qui rampent, les uns, à tâtons les yeux arrachés; les autres, laissant derrière eux une traînée rouge avec des morceaux de leurs pauvres chairs pantelantes et de leurs os broyés, demandent péniblement à boire....

Souvent même ces malheureux blessés, lorsqu'ils ne sont pas écrasés, achevés par l'artillerie, ou les voitures lancées à fond de train dans la poussière et la fumée, passent les nuits d'hiver, oubliés, sur le champ de massacre et subissent peu à peu, sans soins, sans consolations, l'envahissement de la mort et exhalent leur dernier souffle, pendant que leur reste de sang se fige de froid sur leurs plaies.

Et la nuit, les incendies des meules des fermes et des villages abandonnés éclairent ces horreurs et reflètent leurs lueurs infernales dans les mares et les ruisseaux de sang des vallées et des plaines où baignent des multitudes innombrables de cadavres raidis, grimaçants et fétides.

Et, cependant, les armées souffrant du froid ou de la chaleur, de la faim et de la soif, harassées, décimées par des épidémies qui les suivent, marchent, tout en semant la ruine, la désolation et la mort parmi les populations rurales laborieuses et inoffensives ; marchent toujours, entourent les villes, les bombardent et les brûlent ; gaspillent les vies par milliers et l'argent par centaines de millions. Ruses, coups de force, embuscades, massacres, sont combinés avec rage des deux côtés.

Toutes ces horreurs, au moins, sont-elles

commises pour le triomphe ou pour le profit de la justice? Non! La terrible guerre de 70 ne fut déclarée que par amour-propre et pouvait être évitée. Les peuples qui abandonnent leur souveraineté à un maître doivent s'attendre à être entraînés aux abîmes. Boulanger au pouvoir, par exemple, voudrait une guerre pour cimenter sa puissance menaçante et dangereuse.

Toutes ces horreurs, toutes ces calamités peuvent, le plus souvent, être évitées et n'arrivent, comme dans le duel entre deux hommes[1], qu'à faire triompher ou profiter le plus fort, le plus habile ou le plus rusé.

La ruse réussie s'appellera l'habileté. La victoire légitimera le guet-apens, le mensonge, la lâcheté féroce, le brigandage, le vol, le viol; réhabilitera la mauvaise, la détestable cause.

Et les armées se rassemblent encore de tous côtés; les combats succèdent aux combats, les batailles aux batailles; jusqu'à ce que l'une des deux nations, épuisée, exsangue, soit totalement à la merci de l'autre.

[1]. Le hasard a été juste, pourtant, en un duel récent, c'est rare.

Et, pendant que se commettent ces meurtres abominables; pendant ces actes cruels de démence, la pauvre petite terre, seule patrie de toutes ces immenses masses humaines grouillantes qui s'entretuent, s'entredévorent; la pauvre petite terre, jouet du destin, poudroie dans le vide, dans le vide sans haut ni bas, dans le vide sans fin, poudroie, évolue pour un temps limité, hélas! condamnée qu'elle est à se désagréger, s'émietter, s'évaporer un jour en une imperceptible poussière du néant.

AVE! CRUX ROMANA

Ave! Crux Romana

DÉDIÉ A SA MAJESTÉ LA REINE RÉGENTE D'ESPAGNE

L'auteur formule et présente à la vertueuse et sage Reine le vœu ardent d'une alliance offensive et défensive entre les grands peuples latins catholiques : l'Espagne et la France d'abord, le Portugal, l'Italie et les autres peuples ensuite.

La République française modérée, conservatrice des respectables traditions morales, la seule possible dans l'état actuel de l'Europe, guidée par son loyal et vigilant président Carnot, répudie les fous dangereux, porte-sabres ou porte-drapeaux, respecte les monarchies voisines, les rassure par sa sagesse et désire les attirer à elle par des conceptions justes, humanitaires, libérales et grandioses.

La très gracieuse Reine régente d'Espagne, qui a déjà pour auréole enviable l'estime et l'amour de son brave peuple, augmentera encore, par son adhésion à l'acte de sagesse politique que l'auteur lui propose, tout d'abord officieusement, cette estime et cet amour qui éclateraient de toutes parts avec une joie immense, un enthousiasme inouï. L'incident des îles Carolines a prouvé l'écho que peut avoir une grande idée dans la belle Espagne.

L'aimable Reine, vertueuse et bonne, serait bénie par son peuple, bénie de la terre entière et louangée hautement par l'impartiale Histoire.

Par ce courageux et grand acte politique, (que la diplomatie allemande s'appliquera à empêcher) la valeureuse Reine rehaussera l'esprit religieux qui, actuellement trop peu cultivé parmi les peuples catholiques, reste force inutilisée, inerte, et elle assurera, par la paix de l'Europe, qui en sera forcément le résultat, l'essor de l'industrie, du commerce, des arts, et le progrès de l'humanité.

Cette union des peuples européens méridionaux sera un bel héritage à léguer au jeune roi son fils qu'elle guide si noblement et qu'elle guidera, je le souhaite sincèrement, bien longtemps encore, par son noble exemple dans la voie de l'honneur et de la vraie gloire.

Oui, une alliance de l'Espagne et de la France.

de ces deux grandes nations catholiques, dont le passé militaire est à toutes deux glorieux, qui sympathisent depuis longtemps déjà, sera le prélude d'une ère de paix grandiose, règne de Dieu sur terre pour longtemps assuré; et, devant cette concorde sainte, le Portugal, dont le roi est si progressiste, si chevaleresque, ne tarderait très probablement pas à s'unir aux deux nations amies.

À l'avenir, l'Allemagne, toute-puissante qu'elle est, hésiterait, pour un prétexte quelconque, *casus belli* banal, à provoquer sur la vieille Europe, foyer de perfectionnements multiples, fruits de la paix, un choc terrible de millions d'hommes.

Non seulement la France et la Péninsule unies seront infiniment plus fortes, mais l'Allemagne ne croira plus possible d'entraîner l'Autriche dans une guerre où le magnanime Empereur de cette grande nation, d'un catholicisme si fervent, aurait à lutter contre sa fille bien-aimée, la pieuse reine d'Espagne.

L'Italie, belle et rayonnante sous l'égide de son si digne et si brave roi, berceau des premiers peuples latins qui, unis, accomplirent tant de grandes actions, berceau de la religion chrétienne dont les martyrs reposent sous son beau sol fertile, asile du chef vénéré de la religion du Christ, ne voudra pas s'unir à l'ennemi éventuel des nations latines et catholiques, ses sœurs. Ce serait un sacrilège que le Saint-Père maudirait. La Belgique, la Hollande et d'autres nations encore, dont l'esprit religieux est vivace, ne tarderaient pas à se joindre à l'alliance qui pourrait prendre, celle-là, le nom de sainte.

Puisqu'on parle d'équilibre européen, comme base de paix, il n'en serait pas de plus réel, de plus fructueux, de plus beau que celui que je souhaite de grand cœur dans ces lignes : l'union des anciennes colonies romaines, des nations catholiques, pour contrebalancer par une immense force cohésive, politique et religieuse, la formidable union germanique.

Quant au colosse du Nord, la Russie, son tout-puissant empereur, le généreux et vaillant czar, restera calme et indépendant juge dans son immense force.

Peut-être même, sous l'inspiration de Dieu et aux acclamations enthousiastes de ses dévoués et fidèles sujets ainsi que de ceux des nations nou-

vellement unies, entrera-t-il aussi, malgré tous
les efforts répétés de l'Allemagne pour le gagner
à sa politique, dans l'alliance latine pour faire,
cette fois, pencher la balance de son côté, pour
en achever la force imposante, pacifique et
superbe.

FIN

TABLE DES MATIÈRES

AVANT-PROPOS...   iii

Aux patriotes...   9

Y a-t-il, en notre armée, supériorité innée de vertus mili-
 taires?..   51

Armée allemande. Souvenirs et comparaisons....................   129

Un grand ministre...   177

Vive la paix!...   205

Ave! Crux Romana...   231

PARIS. — IMP. P. MOUILLOT, 13, QUAI VOLTAIRE. — 87070.

PARIS. — IMP. DE LA SOCIÉTÉ ANONYME DE PUBLICATIONS PÉRIODIQUES

P. MOUILLOT, — 13, QUAI VOLTAIRE. — 87076

Bibliothèque nationale de France - Paris

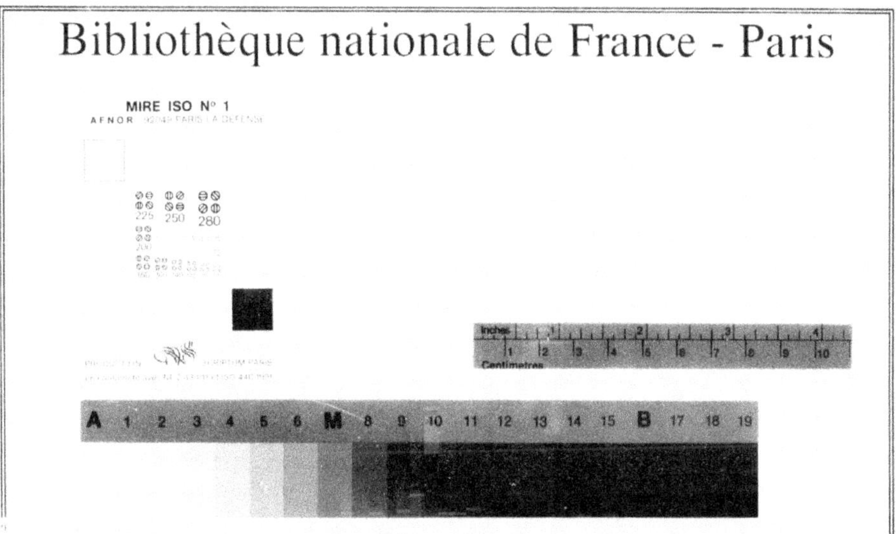

FEVRIER 2001 · Atelier de reproduction-M.L.V

www.ingramcontent.com/pod-product-compliance
Lightning Source LLC
LaVergne TN
LVHW052017060726
842528LV00002B/539